ACREDITAR E AGIR

Somos associados da **Fundação Abrinq** pelos direitos da criança.
Nossos fornecedores uniram-se a nós e não utilizam mão de obra infantil ou trabalho irregular de adolescentes.

Acreditar e agir

Copyright by © Petit Editora e Distribuidora Ltda., 2011
1-2-11-5.000

Direção editorial: **Flávio Machado**
Assistente editorial: **Renata Curi**
Capa: **Patrícia M. Moreno**
Imagens da capa: **Gramper / Dreamstime.com**
Projeto gráfico e editoração: **Ricardo Brito / Designdolivro.com**
Produtor gráfico: **Vitor Alcalde L. Machado**
Preparação: **Maiara Gouveia**
Revisão: **Luiz Chamadoira**
Impressão: **Corprint - Gráfica e Editora Ltda.**

Dados Internacionais de Catalogação na Publicação (CIP)
(Câmara Brasileira do Livro, SP, Brasil)

Cavalcanti, Sergito de Souza
    Acreditar e agir / Sergito de Souza Cavalcanti. – São Paulo :
Petit, 2011.

    ISBN 978-85-7253-117-7

    1. Conduta de vida   2. Espiritismo   3. Evolução   4. Fé
5. Felicidade   I. Título.

11-01825   CDD: 133.901

Índices para catálogo sistemático:
1. Doutrina espírita   133.901

Direitos autorais reservados.
É proibida a reprodução total ou parcial, de qualquer forma
ou por qualquer meio, salvo com autorização da Editora.

(Lei nº 9.610, de 19 de fevereiro de 1998)

Traduções somente com autorização por escrito da Editora.

Impresso no Brasil, no verão de 2011.

Prezado(a) leitor(a),

Caso encontre neste livro alguma parte que acredita que vai interessar ou mesmo
ajudar outras pessoas e decida distribuí-la por meio da internet ou outro meio,
nunca deixe de mencionar a fonte, pois assim estará preservando os direitos do
autor e, consequentemente, contribuindo para uma ótima divulgação do livro.

ACREDITAR E AGIR

Sergito de Souza Cavalcanti

editora

Rua Atuaí, 383/389 – Vila Esperança/Penha
CEP 03646-000 – São Paulo – SP
Fone: (0xx11) 2684-6000
www.petit.com.br | petit@petit.com.br

Duas asas conduzirão o espírito humano à presença de Deus: uma chama-se amor; a outra, sabedoria.

EMMANUEL,
PSICOGRAFADO POR FRANCISCO CÂNDIDO XAVIER.

À Tana Tomás Lima e ao casal Ivan e Rosa Mendanha.

*Que o propósito de nossa amizade
seja o enriquecimento do nosso espírito.*

൪

Homenagem póstuma

Ao amigo e confrade, Cleber Varandas, nossa eterna saudade. Todos seremos chamados um dia para partirmos também. Seus esforços no bem serão sempre um incentivo aos que aqui ficaram... Faço minhas as palavras do apóstolo Paulo:

*Venci o bom combate,
acabei a carreira, guardei a fé.*

SUMÁRIO

PREFÁCIO **9**

ASAS DA FÉ **13**

A FONTE DE TODOS OS VÍCIOS **19**

A DOR DA SEPARAÇÃO CONJUGAL **23**

A EVOLUÇÃO TEM UM PREÇO **29**

O VOO DA BORBOLETA **35**

A CARNE É FRACA **39**

A EXISTÊNCIA DE DEUS **43**

QUANDO OS ESPÍRITOS FALAM **49**

A PROCURA DA CHAVE DE NOSSA FELICIDADE **53**

ACREDITAR E AGIR **59**

65 As coisas sempre foram assim

69 Ajuda do Além

75 Bom-senso

79 Casados com a pessoa certa

85 O mineiro do século

93 Combater a causa

99 Doação

103 Eu sou médium?

111 Experiência de Quase Morte (EQM)

117 O efeito bumerangue

121 A verdade interior

PREFÁCIO

Em boa sinonímia, prefácio, preâmbulo ou proêmio equivale a "dizer no princípio". Portanto, prefaciar uma obra literária é o mesmo que fazer uma introdução. E preambular ou preludiar significa que o prefaciador carrega sobre seus ombros o encargo de antecipar-se na apreciação da obra em vias de ser dada ao "prelo". (Permitam-me os leitores o arcaico saudosismo).

O prefácio pode ser da lavra do próprio autor, ou pode o autor, abdicando-se de tal mister, prestar homenagem à pessoa ou Instituição a quem deseje demonstrar admiração ou gratidão, convidando seu presidente ou quem a represente para prefaciar a obra.

Temos conosco que o convite confere ao homenageado sublimada honra, visto que um livro em vias de vir a lume é, para o autor, como um filho. Principalmente se levarmos em conta que o convite parte de um autor já consagrado e com ampla bibliografia. Que é de convivência fácil, em razão de sua simplicidade no trato com as pessoas. Que, sendo espírita, busca servir antes de ser servido, em consonância, assim, com os ensinos de Jesus.

Paulo, o inesquecível gigante do Cristianismo, em correspondência que encaminha à comunidade cristã da Tessalônica, cujo texto passa a constituir, com outras epístolas endereçadas a outras comunidades, incontestável patrimônio moral à humanidade, nos diz no capítulo. 5, versículos. 16 a 19: "Regozijai-vos sempre. Orai sem cessar. Em tudo dai graças, porque esta é a vontade de Deus em Cristo Jesus para convosco. Não apagueis o Espírito".

Encontramos na obra de Sergito ampla analogia com o que preceitua o citado capítulo 5 da carta do apóstolo dos Gentios. Se Paulo recomenda o incessante caminho de seguir em frente com Jesus, em amplo clima de otimismo, dando graças em tudo, toda a obra de Sergito é sempre embasada no otimismo, nos concitando à caridade, à humildade, ao perdão; enfim, aos predicados cristãos. Ir para frente mesmo arrastando-se, como pregou, exemplificando, nosso sempre lembrado Chico Xavier.

A obra que o leitor ora manuseia é, sem dúvida, esse repositório de bênçãos.

Acreditar e Agir é obra composta por 21 apreciados capítulos. Pode a legião de leitores estar convicta de que se trata de mais uma joia literária, na qual o autor, colocando o coração à larga, nos passa sua internacional experiência.

De certa feita, alguém perguntou a experimentado e competente expositor espírita:

– De quanto tempo o senhor precisa para preparar uma palestra?

– De 50 anos, respondeu o dedicado expositor.

Porque esse era o seu tempo no labor espírita.

Novamente recorremos à similitude para afirmar que obra de tal porte só se elabora por quem conta com décadas de vivência na infinda estrada do saber, como é o caso do autor.

Que Jesus, o Divino Amigo, possa nos fortalecer, cimentando cada vez mais nossas convicções, no sentido de pôr em prática todo o nosso cabedal de conhecimentos, visto que agir no bem é nossa melhor maneira de ganhar.

BELO HORIZONTE, DEZEMBRO DE 2010.

MARIVAL VELOSO DE MATOS
PRESIDENTE DA UNIÃO ESPÍRITA MINEIRA

ASAS DA FÉ

"E eis que vou adiante de vós."
Jesus Cristo

Tana Tomás Lima é um misto de amiga e parente, tal a afinidade que sinto por ela. Criatura bondosa, espiritualizada, nascida e criada em um lar espírita, é só amor em tudo o que diz e faz. Certa vez, Tana me contou um caso ocorrido com seu irmão, Francisco de Paula Tomás, espírita atuante e convicto, e confesso que, se não fosse a própria Tana ter me contado o fato, teria dificuldade em acreditar que a história era verídica.

Minha amiga começou contando-me que, desde criança, Francisco, seu irmão, tinha muito medo de andar de avião e brincava com isso, dizendo que preferia se locomover pisando no chão. Mas, na manhã do dia 26 de março de 1967, foi convidado para voltar da cidade goiana de Colina para Belo Horizonte em um avião de modelo teco-teco, pelo amigo e piloto Osvaldo Marra da Silva. Apesar do temor que o acompanhava desde menino, não resistiu ao convite, pois seria bem mais prático, voltaria bem mais rápido para casa.

Sabia, também, que o Marra era excelente piloto, com mais de 15 mil horas de voo, e, pensando bem, um espírita precisa ter fé e confiar. Assim decidido, às oito e trinta da manhã daquele 26 de março, os dois, Francisco e Osvaldo, embarcaram, levando, além das bagagens, alguns perus e galinhas, presenteados por amigos. Francisco foi ao lado do piloto e, poucos minutos depois, já estava relaxado, alegre, proseando muito com o amigo e bastante interessado no funcionamento do avião.

– Tem "reloginhos" demais no painel, hein Marra? Como é que se chama esse negócio que você está segurando? Para que realmente serve?

E o amigo, animado, respondia a todas as perguntas:

– É o manche. É o volante do avião. Para os lados tem o mesmo funcionamento do volante no automóvel. Para subir, puxe em sua direção; para descer, enterre na direção do painel.

– E para acelerar?

– Você empurra esta alavanca para dentro. Para diminuir, faça o contrário.

E assim, o piloto Marra foi respondendo às curiosidades do amigo em relação ao avião, com muita simpatia e empenho. Mas, de repente, o piloto disse ao amigo:

– Francisco, segure o manche para mim. Vou vaporizar a garganta.

– O que foi, Marra? Você não está se sentindo bem?

– É essa maldita asma outra vez! Não estou muito bem...

– Respire fundo! Vou fazer algumas massagens em você... Marra! Marra! Marra! Reaja, por favor! Acorda, Marra! O avião está desgovernado!

E o impossível acontece: o piloto se sente mal, suspira profundamente e morre!

E Francisco, apavorado, diz:

– Deus do céu, o que eu faço? Acho que chegou minha hora também!

Nesse momento, Francisco se lembrou das orientações espirituais que semanalmente recebia na casa espírita: diante do perigo, manter a calma, em atitude de confiança e fé! E assim procedeu:

– Pai, vós que tendes poder e bondade, dai força àquele que passa pela provação...

Ele fez a prece de Cáritas e pediu ajuda aos amigos espirituais. Então, pensou:

"Não, não vou morrer assim! Se a morte está próxima, vou lutar contra ela! O Senhor disse: fazei que farei contigo..."

E, desse modo, passou para o plano da ação. Encostou o Marra para o canto e tirou seu corpo de cima dos aparelhos. Agora, os comandos estavam livres. Notou que o avião estava muito acelerado e pensou:

"Vou forçar isso para baixo, pois estamos subindo muito..."

Deu certo!

"Tenho que diminuir um pouco a velocidade. Ainda não vejo a terra, só nuvens e mais nuvens. Preciso procurar um lugar onde eu possa ver o chão... Quem sabe ali?"

E, enquanto isso, continuava com suas orações:

"Pai nosso que estais nos céus..."

"Em que rumo estou? Tenho que tentar descer logo, pois não sei o quanto de gasolina ainda resta...Vou dar mais uma volta..."

"Santificado seja o vosso nome..."

"Parece que aqui a camada de nuvens está menos densa... Quem sabe vai dar certo? O jeito é tentar..."

"Seja feita a vossa vontade, Senhor..."

"Vou apertar aqui e acelerar um pouco o avião... O que será este botão? Não... é melhor não mexer naquilo que não sei para que serve... Deixa pra lá. O azulão do céu está ficando cada vez mais próximo... Nossa! Agora estou voando muito baixo, quase bati naquelas três casas! Tenho que descer... agora o avião está mais lento... quem sabe se eu tentar outra vez vou... Ai, meu Deus! Vou bater naquela montanha! Jesus, se não tivesse puxado o manche a tempo eu... Outra montanha! Consegui desviar de duas! Que buzina é essa que está tocando no fundo do avião? Pode ser um aviso de que estou voando muito baixo... Vou erguer o aparelho um pouco mais. Santa Maria! Quase que o 'bicho' empina! Pronto, agora sim, estou começando a descer... agora é manter o manche... assim, devagarzinho... Me ajuda, Senhor! Ali está, bem plano, creio que vai dar certo... vou diminuir um pouco a velocidade... Graças a Deus! Parou! Está tudo finalizado! Bendito seja o Senhor!"

Assim terminou aquele voo fatídico, no qual o piloto Osvaldo Marra desencarnou, deixando o teco-teco completamente desgovernado nas mãos de Francisco. Durante quarenta intermináveis minutos, ele lutou com todas as forças para aterrissar o avião, e conseguiu fazer isso quase ileso, com apenas um arranhão na testa. Ao falar à imprensa, na sua simplicidade e no fervor de sua crença, Francisco não teve dúvida em afirmar que foram os espíritos que o ajudaram a descer o aparelho.

Lutou com bravura até o fim, não se deixando derrotar pelo pânico em nenhum momento. Não desanimou jamais. Seguiu em frente corajosamente, na certeza de que Jesus e os bons espíritos estavam sempre ao seu lado.

A verdadeira fé se alia à humildade: aquele que a possui coloca sua confiança em Deus mais do que em si próprio, porque sabe que, simples instrumento da vontade do Criador, não pode nada sem Ele. Por isso, os bons espíritos vêm em sua ajuda.

No Evangelho de Mateus, encontramos:

> "Porque eu vo-lo digo em verdade: se tivésseis fé do tamanho de um grão de mostarda, diríeis a esta montanha: passa daqui para ali, e ela se transportaria, e nada vos seria impossível."
> Mateus, 17:20

Nada, absolutamente nada, é impossível ao homem que crê. Tudo podemos se estamos harmonizados com o Cristo. É como nos dizeres de Paulo:

> "Tudo podemos naquele que nos conforta, naquele que nos fortalece." Filipenses, 4:13

A oração do homem justo foi ouvida e, por acréscimo da bondade do Pai, a aflição se transformou em dádiva divina.

A FONTE DE TODOS OS VÍCIOS

"Estudai todos os vícios e vereis que no fundo de todos eles está o egoísmo."

O egoísmo é considerado por nossos amigos espirituais um verdadeiro câncer que, quando alimentado em nosso coração, acaba por nos consumir totalmente. É o estado de alma que torna o indivíduo insensível às necessidades, às dores e às dificuldades alheias. O egoísta tem seus interesses voltados somente para si mesmo, valorizando a própria personalidade em detrimento dos demais. Ao perguntar aos espíritos: "Dentre os vícios, qual o que se pode considerar como radical?", Allan Kardec obtém a seguinte resposta: "Nós o dissemos muitas vezes: é o egoísmo. Dele deriva todo o mal. Estudai todos os vícios e vereis que, no fundo de todos eles, está o egoísmo."[1]

---

1. KARDEC, A. *O Livro dos Espíritos*. São Paulo: Petit Editora, 2010, Questão 913.

Temos que lutar com todas as nossas forças para combater esse monstro, essa verdadeira chaga de nossa sociedade.

Todo aquele que quer se aproximar da perfeição moral deve extirpar de seu coração todo sentimento de egoísmo, pois este é incompatível com a lei de justiça de amor e caridade. O espírito Fenelon diz: "O egoísmo é a fonte de todos os vícios, como a caridade é a fonte de todas as virtudes. Destruir um e desenvolver outro, tal deve ser o objetivo de todos os esforços do homem, se ele quer assegurar sua felicidade neste mundo, assim como no futuro."[2] O egoísmo é consequência da inferioridade na qual se encontra o espírito. À medida que o espírito evolui, no decorrer das sucessivas reencarnações, vai se libertando, cedendo lugar a sentimentos mais altruístas, de solidariedade e de fraternidade.

Há algum tempo, li uma interessante história que ilustra bem a destruição que o egoísmo pode causar em nossas vidas:

"Três homens foram avisados da existência de um tesouro enterrado debaixo de uma grande árvore, nas vizinhanças de uma pequena cidade do interior. Os três homens, imbuídos da esperança de ficarem ricos, dirigiram-se para o local e, munidos de ferramentas, começaram a revirar o chão debaixo da árvore indicada. Depois de algum tempo de trabalho, encontraram, por fim, o esperado tesouro. Ficaram alegres e extasiados com tantas pedras preciosas e tanto ouro! Depois de algum tempo deliciando-se em observar a

---

2. KARDEC, A. *O Livro dos Espíritos*. São Paulo: Petit Editora, 2010, Questão 917.

fortuna encontrada, tiveram fome e resolveram que um deles tinha que ir à cidade comprar comida. Dois permaneceram ali, vigiando o tesouro encontrado. O homem escolhido para buscar a comida, já no caminho, começou a pensar em como seria bom se o tesouro fosse somente dele. Resolveu, então, envenenar a refeição dos dois companheiros. Comeu sua refeição e colocou veneno nas duas marmitas, pondo, assim, seu macabro plano em ação. Entretanto, os outros dois também combinaram matar esse homem. Dividir o tesouro por dois, e não por três, seria bem melhor. Quando o homem chegou com as refeições envenenadas foi recebido a tiros. Após o assassinato, os dois comeram e também morreram."

A história anterior relata com fidelidade o que ocorre com o homem egoísta. É envenenado e abatido pela própria ganância, vítima de seus atos egoístas e inconsequentes. O ser egoísta, voltado somente para as próprias necessidades e interesses, torna-se insensível ao sofrimento de seus semelhantes. O egoísmo só desaparecerá da face da Terra através da lei do amor, que se incumbirá de destruir esse chacal devorador. Jesus nos ensinou a "fazer aos outros o que gostaríamos que os outros nos fizessem". Kardec, na Revista Espírita de 1862, disse: "O egoísmo e o orgulho matam as sociedades particulares como matam os povos e as sociedades em geral. Lede e vereis que os povos sucumbem sob o amplexo desses dois mortais inimigos da felicidade humana, o orgulho e o egoísmo." Desse modo, o egoísmo nos conduz a uma realidade de conduta distorcida, fomentadora do ódio e do desamor.

Na questão 785, de *O Livro dos Espíritos*, Kardec pergunta aos nossos mentores espirituais: "Qual o maior obstáculo ao progresso?" Eis a resposta: " O orgulho e o egoísmo. Refiro-me ao progresso moral, porquanto o intelectual se efetua sempre." Na questão de número 1019, Kardec pergunta à espiritualidade se um dia poderá implantar-se na Terra o reinado do bem. A resposta é clara: "O bem reinará na Terra quando, entre os espíritos que a habitam, os bons predominarem. Por meio do progresso moral e praticando as leis de Deus é que o homem atrairá para a terra os bons espíritos e dela afastará os maus. Estes, porém, não a deixarão, senão quando daí estiverem banidos o orgulho e o egoísmo."

A DOR DA SEPARAÇÃO CONJUGAL

"Por maior que seja a dor de nossa separação, lembremos que aquele que perde uma relação amorosa perde muito, mas aquele que perde a fé perde tudo."

Pat Conroy, um jovem divorciado, conta o seguinte, no artigo "Morte de um casamento", publicado na Revista *Seleções*:

"Uma coisa é certa: um divórcio não começa quando uma pessoa encara a outra e diz: 'Quero pôr fim a isto.' Tem início muito antes, quando começa a doer, quando chegamos à surpreendente constatação de que estamos sós embora casados. Quando meu casamento acabou, tudo se dissolveu em um processo de deterioração psicológica. Ainda hoje, odeio passar por um prédio desta cidade simplesmente porque estava sendo construído durante aquela época terrível. Por um ano inteiro só fiz falar do divórcio e procurar outras pessoas que houvessem atravessado o mesmo problema. As noites eram preenchidas com nossas histórias de raiva e destruição. Éramos todos sobreviventes do pior tempo de nossas vidas. Cada divórcio tem as próprias metáforas, que emanam do casamento moribundo. Durante muito tempo não consegui descobrir minha própria metáfora de perda, até que a morte do nosso cachorro, Beau, se transformou na mensagem irrefutável de que tudo acabara entre Bárbara e eu. Beau era um belicoso e extravagante bassê que Bárbara ganhara quando nos casamos. Levamos um ano para formar nossa aliança. Mas Beau tinha uma luminosa vida interior, que só os que gostam de cachorro podem compreender. Ele tinha espírito de companheirismo; era maravilhoso ser lambido por Beau ao acordar. Em um dos primeiros dias de minha separação, quando fui em casa buscar umas roupas, minha filha caçula, Megan, veio correndo me contar que Beau fora atropelado por um automóvel e levado para uma clínica veterinária. Corri para lá e encontrei Ruth Tyree, a veterinária de Beau. Ela trouxe Beau para me ver e o deitou na mesa de consulta. O carro havia destruído a espinha dorsal de Beau e as radiografias revelavam danos irreparáveis. Beau olhava para mim quando a Dra. Ruth me estendeu um papel dizendo que precisava da minha assinatura para acabar com o sofrimento do animalzinho. Não consegui escrever meu nome, pois não via o papel. Apoiei-me na mesa e chorei como nunca chorara na minha vida, não apenas por Beau, mas por Bárbara, pelas crianças, por mim próprio, pelo fim do casamento, pela perda irreparável. A Dra. Ruth tocou-me e a ouvi chorando também. E Beau, no derradeiro grande gesto de sua vida, arrastou-se ao longo da mesa nas suas duas patas sãs e pôs-se a lamber as lágrimas que me corriam pelo rosto. Perdera meu cachorro e encontrara minha metáfora. Na radiografia da espinha destruída de meu cachorro, eu via o retrato de meu casamento. No entanto, não há metáforas suficientemente poderosas para descrever o momento em que dizemos aos filhos que vamos nos divorciar. Os divórcios das pessoas que não têm filhos são comparativamente fáceis. Olharmos as crianças de frente e dizermos a elas que vamos destroçar a família e alterar todo o futuro é um ato de coragem desesperada que jamais desejo ter de repetir. É o último ato em conjunto de seus pais e o sinal absoluto de que o casamento acabou. Senti-me como se houvesse regado toda a minha família com gasolina e riscado um fósforo."

A falência de um casamento é sempre muito dolorosa. A separação conjugal, na escala desenvolvida pelos especialistas em estresse da Universidade de Washington, gera um estresse com valor bem próximo da morte do cônjuge. Enquanto este ocupa 100 UMV (Unidade de Mudança de Vida), o divórcio alcança 73 UMV Por isso, é normal que nas duas primeiras semanas após a separação surja uma estranha sensação de perda, com uma repercussão psicológica de confusão, um quase total descontrole emocional, com dificuldades para voltar à rotina normal do trabalho e dos hábitos de vida. Nesses momentos dolorosos temos que administrar melhor nossa dor, procurando nas preces e nas orações o conforto para superar esses momentos difíceis. Precisamos nos precaver para que não cultivemos sentimentos menores, como o ódio, o rancor e a aversão.

Desabafar cada vez que se sentir necessidade, chorar quando tiver vontade, não ter receio e vergonha de pedir ajuda, são atos compreensíveis e aceitáveis. Falar da pessoa da qual se separou é razoável, mas é bom haver cuidado para não cultivarmos em nosso coração sentimentos inferiores. É necessário levar em conta que, em momentos de crise, é melhor nos abstermos de tomar decisões importantes que possam ter consequências graves em um futuro próximo, como vender a casa, liquidar um negócio, trancar matrícula de cursos, fazer mudanças definitivas nos hábitos e na rotina de nossas vidas. Deve-se também dar um prazo conveniente para novas relações sentimentais, pois, de forma semelhante ao que acontece quando perdemos alguém muito próximo por falecimento, nos tornamos estressados, fragilizados, sensíveis e impressionáveis.

Há de se convir que a vida, às vezes, se apresenta muito difícil, sendo inúmeras as situações que nos fazem sofrer. Se olharmos para trás, veremos que, em outras épocas, a humanidade enfrentou situações iguais ou piores. A história da humanidade é uma imensa cadeia de sofrimentos de ordem física e moral. Neste planeta de provas e expiações, sofrem tanto o pobre como o rico, o jovem e o velho, o que mora na choupana e o que mora no palácio. O sofrimento é consequência do mal; o mal é consequência de nossa ignorância. Que entendamos que, muitas vezes, o que pensávamos ser o mal foi um bem. Toda separação abre feridas que ficam expostas e demoram a cicatrizar. Mesmo assim, é possível sair mais forte dessa experiência, principalmente aqueles que acreditam terem vivido outras vidas, pois a verdade é que, quando encarnados, só vemos uma face da moeda de nossas existências. A outra face só nos será revelada do "lado de lá". Quantas pessoas, quando ainda encarnadas, se sentiam vítimas em seu relacionamento conjugal e, ao chegarem do outro lado da vida, perceberam que, ao invés de vítimas, eram carrascos?

É preciso enfrentar a dor com equilíbrio. Deus quis que o homem, pela sua experiência, atingisse o conhecimento. Fez isso por necessidade e não por simples capricho. A dor faz parte de nossa evolução; não é eterna, mas passageira. Eterna será a felicidade que nos aguarda. Portanto, o sofrimento é útil, bendito, um elemento necessário à evolução humana. Se não existisse a dor, nossa evolução seria infinitamente mais lenta. Eu pergunto: quantas pessoas não buscam amparo na fé levados pela dor? Quantos de nós, espíritas, não bendizemos determinada dor por ter sido ela a alavanca de nosso progresso espiritual? Confiemos em Jesus. Nossas feridas, que ainda estão sangrando, se transformarão em cicatrizes, e essas cicatrizes serão luzes a iluminar nossos passos.

Não cultivemos nunca o ódio contra qualquer semelhante que cruze nosso caminho. Por maior que seja a dor de nossa separação, lembremos que aquele que perde uma relação amorosa perde muito, mas aquele que perde a fé perde tudo. Em uma crise de separação preparemos nossa mente, pois, certamente, dias melhores virão. Francisco de Assis sempre se referia à dor como sua irmãzinha querida, porque sabia do seu poder e de sua utilidade. Paulo de Tarso foi uma das personagens mais sofridas e mais iluminadas do Evangelho. Dizia em suas cartas sobre os aguilhões que o machucavam e o faziam sofrer. Mas também, como Francisco de Assis, entendia sua dor e podia dizer, inspirado: "Transbordo de júbilo no meio de todas as minhas tribulações."

A evolução tem um preço

"Porque aquilo que o homem semear,
o homem também colherá." Gálatas, 6:7[3]

As dores da alma são as mais diversas, estranhas e misteriosas. Muitas vezes, incompreensíveis. São mágoas que carregamos porque não conseguimos esquecer injustiças sofridas, dores relacionadas ao nosso orgulho, à inveja, à luxúria e à avareza, aos desajustes, neuroses e desequilíbrios íntimos. E o pior, não estamos ainda preparados para perdoar, pois, muitas vezes acreditamos que o nosso desafeto não merece perdão. Esquecemos que só o perdão nos tornará livres dessa sintonia negativa.

Sofremos pela indiferença da pessoa a quem amamos, por acreditarmos que não merecemos tanto descaso, tanta incompreensão, tanto desamor. É pior ainda quando temos

---

3. Todos os fragmentos bíblicos recolhidos da: *Bíblia Sagrada*. Trad. João Ferreira de Almeida. Rio de Janeiro: Sociedade Bíblica do Brasil, 1968.

que enfrentar a dura realidade de uma traição. Pensamos que poderíamos esperar tudo, menos isso. Não há coração que aguente tanta covardia. De uma hora para outra, depois de termos vivido muitos anos juntos, nosso(a) consorte diz que não suporta mais nossa companhia. "Por que isso? Quase não brigávamos!" Logo depois, nosso(a) ex-companheiro(a) assume o adultério, iniciado anos atrás. Quantas frustrações relacionadas aos sonhos desfeitos, desilusões, fracassos... Assim, traiçoeiramente, a tristeza e o desânimo começam a se instalar em nossa alma. Aos poucos, a prostração psíquica se expressa no corpo físico. As somatizações aparecem sob as mais diversas formas. Os sintomas se agravam e um desconforto geral toma conta de nosso íntimo. A doença começa a se aprofundar, e a dor e o sofrimento aniquilam nossa alegria de viver. Apenas vegetamos. Não há mais luz em nossos olhos, nem vibração em nossas palavras. A depressão nos acomete. Não temos mais alegria de viver, de comer, de passear... Só nos sentimos bem quando nos afastamos de todos e de tudo. Ficamos presos ao nosso quarto, e a nossa cama passa a ser nossa inimiga diária.[4]

As dores da alma são mais dolorosas do que as dores do corpo. Torna-se, pois, urgente, nos reanimarmos. É indispensável que ergamos a cabeça e descortinemos horizontes mais amplos. A dor faz parte de nossa evolução e é própria de um planeta atrasado como o nosso. Às vezes, as dores são tantas que pensamos serem elas uma lei natural. Ledo engano. Na

---

4. SCHMITT, C.A. *Forças para viver*. São Paulo: Editora Paulinas, 2008, pp. 13-14.

verdade, são resultado de nossos atos inconsequentes do passado, efeito de quem violou as leis divinas. O sofrimento é, pois, consequência do mal, e o mal é consequência de nossa ignorância. Sendo a ignorância a base e a raiz de todo o mal, para acabar com nossos sofrimentos, temos que acabar com nossa ignorância. O homem que porta uma arma para assaltar e matar seu semelhante o faz por ignorância, por desconhecer as leis de consequência às quais todos estamos sujeitos.

Desse modo, jamais devemos nos desesperar frente à dor, pois o sofrimento, na fase atual de nossa evolução, é útil, bendito e um elemento necessário ao nosso progresso. Se não existisse a dor, nossa evolução seria infinitamente mais lenta. Jesus, no Sermão da Montanha, proclama: "Bem-aventurados os que choram, porque serão consolados".[5]

Às vezes, perguntamos-nos: "Por que Deus já não nos criou sem dores e sofrimentos? Por que temos de passar por tantas dificuldades?" A resposta lógica é que não somos autômatos nem máquinas. Deus nos dotou de livre-arbítrio, e nossa evolução tem que ser construída por nós mesmos. Se não fosse assim, qual seria nosso mérito? Jesus, sabendo do determinismo de nossa evolução, chama-nos de deuses: "Vós sois deuses."[6] e "Nenhuma de minhas ovelhas se perderá."[7] Mais cedo ou mais tarde, entenderemos melhor, em nosso íntimo, a função da dor. O sofrimento é difícil de ser suportado. No entanto, na fase evolutiva na qual nos encontramos, se constitui em força a nos impulsionar ao progresso.

---

5. Mateus, 5:4.

6. Jó, 10:34.

7. Jó, 10:15.

Entretanto, há uma grande verdade da qual não podemos nos esquecer nunca: o que plantarmos teremos de colher. Todo efeito provém de uma causa; toda causa provoca um efeito e este é proporcional à causa que o provocou. A justiça divina é educativa e não punitiva. Se Deus fosse só misericórdia, o pecado se perpetuaria. Se o homem abusa, a dor reprimirá seus abusos. Se o homem terreno não quiser caminhar de braços dados com Jesus, caminhará de braços dados com a dor. E essa dor é tão amiga do homem ignorante que não o abandonará enquanto ele, voluntariamente, não retornar para os braços de Jesus.

Para o bom cristão é necessário ter em mente três atitudes básicas frente à dor: saber sofrer, ou seja, entender sem revolta essa dor; crer que a dor passará e não reter o sofrimento quando a hora de sofrer já houver passado. Se quisermos saber o índice de evolução de determinada criatura, observemos como ela sofre, como enfrenta a dor e como procura resolvê-la. Nas venerandas páginas da Bíblia, encontramos a história de Jó, que diz o seguinte:

"Vivia, na terra de Huz, um homem por nome Jó, cuja conduta era irrepreensível. Era um homem de bem, que temia a Deus e evitava o mal. Tinha sete filhos e três filhas. Possuía 7 mil ovelhas, 3 mil camelos, 500 juntas de novilhas, 500 jumentos, além de numerosos serviçais. Era mais rico que todos os filhos do Oriente. Mas eis que desaba sobre esse homem piedoso e bom a mais tremenda catástrofe. Jó perde todos os seus haveres. Morrem todos os seus filhos. E ele mesmo se vê coberto de lepra, da cabeça aos pés. Ficou-lhe apenas, como desgraça viva e perene, a mulher insensata e descaridosa. Sentou-se, então, o milionário, subitamente reduzido a mendigo, sobre um monte de lixo, e, com o caco de um vaso partido, última relíquia de sua fortuna, raspa o pus que lhe corria das fétidas chagas. E dizia Jó, em meio a sua dor:

– Nu saí do seio de minha mãe... Nu voltarei ao seio da terra... O Senhor me deu, o Senhor me tirou. Bendito seja o nome do Senhor!"[8]

A atitude de compreensão de Jó frente à grande tragédia que se abateu sobre sua vida diz bem da grandeza e do grau evolutivo de seu espírito. Tentemos, pois, transformar nossos momentos de dor em momentos de esperança, pois um dia, mais cedo ou mais tarde, todas as nossas dores passarão.

---

8. Jó, 1: 1-22.

O VOO DA BORBOLETA

"Assim como a borboleta está no ovo, na pupa e na lagarta, o Reino de Deus está dentro de cada um de nós."

Existem frases e dizeres que nos tocam profundamente. Uma dessas frases é usada para identificar o Grupo Kardecista Fraternidade Eterna, o Gefraterna, da cidade mineira de Inhaúma. O logotipo do grupo tem uma bonita borboleta pousada num trevo de quatro folhas, com os dizeres: "a maturidade da larva é que propicia o voo da borboleta", lembrando-nos de que o nosso destino será a divindade e que esta virá com a maturidade adquirida em nossas inúmeras existências. A frase é inspirada no processo de metamorfose da borboleta, que, progressivamente, alcança sua evolução, passando por várias etapas de desenvolvimento. É uma bonita analogia sobre a nossa evolução, pois tudo virá a seu tempo.

Apesar de nos encontrarmos em uma fase evolutiva ainda difícil, habitando um planeta de provas e expiações, temos que convir que muitos mundos ditosos e bonitos nos aguardam na grandeza de nossa vida futura. O livro *Nosso Lar*, do Espírito André Luiz, psicografado por Francisco Cândido Xavier, adaptado para o cinema, nos mostra facetas encantadoras de uma colônia espiritual, nas imediações do umbral – de certa forma ainda distante da beleza de outras, localizadas em instâncias superiores – porém com lindos bosques, jardins, envolvida por música divina e maravilhosa. Se na Colônia Nosso Lar, que não é a mais adiantada entre aquelas relacionadas à Terra, já encontramos tanta coisa bela e bonita, que mundos encantadores, diáfanos e espirituais nos aguardam nas muitas moradas de nosso Pai Celestial?

A borboleta é um belo símbolo de como ocorre nossa evolução espiritual, que se dá de forma lenta e progressiva, mas terá, um dia, asas que voarão livres rumo às estrelas. Assim como a borboleta está no ovo, na pupa e na lagarta, o Reino de Deus está dentro de cada um de nós. A evolução é algo que precisa ser construído por nós, pelo nosso esforço; é algo que só a nós compete realizar por isso, a evolução espiritual não dá passos largos. Em Marcos (4: 26-29), encontramos: "Porque a terra, por si mesma, frutifica primeiro a erva, depois a espiga, e, por último, o grão cheio na espiga". Tudo vem a seu tempo.

Há uma história que conta que, um dia, uma pequena abertura apareceu em um casulo de borboleta. Um homem sentou-se e observou a borboleta por várias horas, vendo como ela se esforçava para que seu corpo passasse através daquele pequenino espaço. Então, de repente, lhe pareceu que ela havia parado de fazer qualquer progresso. Parecia que a borboleta tinha ido mais longe do que podia e não conseguia acabar de romper o casulo. O homem decidiu ajudá-la: pegou uma tesoura e cortou o restante do casulo. A borboleta, então, saiu facilmente, mas seu corpo era pequeno, murcho, e suas asas estavam amassadas. O homem continuou a observar a borboleta, pois esperava que, a qualquer momento, suas asas abrissem e se esticassem e, assim, fossem capazes de suportar o corpo... Mas nada aconteceu. Na verdade, a pobre borboletinha passou o resto de sua curta existência rastejando, com um corpo murcho e as asas encolhidas. Ela nunca foi capaz de voar! O que o gentil e bondoso homem não compreendera era a função do apertado casulo. O esforço que despenderia para rompê-lo levaria, às asas da borboleta, o fluído que lhe permitiria o movimento das asas. Assim, livre do casulo pelo próprio esforço, a borboleta chegaria aos ares, valendo-se de asas fortalecidas pelo exercício. O mesmo ocorre conosco, durante nossa existência. Muitas vezes, é mais necessário o processo, o esforço, do que o resultado de nossa ação. A dor, as dificuldades e as aflições são alavancas poderosas que nos ajudam em nosso processo evolucional. Sem a dor nossa evolução seria infinitamente mais lenta. Agradeçamos, pois, a Jesus a oportunidade de nos desvencilharmos de toda carga material, de todo casulo que nos impede o voo maior de nossos espíritos.

Conta-se que, em certa época, nosso Chico Xavier estava muito impressionado com o número de pessoas obsediadas que o procuravam, e, dialogando com Emmanuel, seu mentor espiritual, lhe perguntou quais seriam os antídotos contra tamanho flagelo. O espírito Emmanuel respondeu: "trabalho, prece e renovação". Sendo assim, temos que nos manter atentos e saber qual a melhor maneira de ajudar, pois, se não ajudarmos a quem realmente precisa, realizando uma boa sindicância em vez de ajudar ao próximo estaremos, indiretamente, lançando-o em braços obsessores. Infelizmente, a maioria dos necessitados ainda se rege pela lei do menor esforço, acomodando-se quando recebe auxílio, e, muitas vezes, parando até de trabalhar. Essa atitude facilita o assédio de seus inimigos espirituais.

O trabalho é lei da natureza, e, por isso, constitui-se em necessidade. É uma lei da qual ninguém pode esquivar-se sem se prejudicar. Com o trabalho, desaparecem os momentos de insatisfação e as depressões causadas pela ociosidade.

Nunca devemos nos esquecer de que a mente vazia é mais sujeita à ação maléfica de inimigos espirituais. Os psiquiatras e psicanalistas são unânimes em afirmar que todos os seres humanos precisam realizar algum tipo de trabalho, pois "ninguém consegue ser feliz sem que se sinta útil ou necessário a alguém". Tal como o amor, o trabalho é medicinal, pois alivia os males da alma. Ajudar ao nosso semelhante é algo importante e fundamental na vida de todo bom cristão. Entretanto, saber ajudar é algo ainda mais importante. Evitemos, pois, o assistencialismo material e espiritual e nos envolvamos cada vez mais na luta em prol de nossa evolução. Não desanimemos jamais com as dificuldades da nossa caminhada, e tenhamos confiança de que Jesus nos espera de braços abertos nessa tarefa que só a nós compete realizar, que é a de nossa ascese espiritual.

A CARNE É FRACA

"Não é a carne que é fraca, mas sim o espírito."
Allan Kardec

Sempre estamos procurando desculpas para nossas inferioridades e imperfeições, e, normalmente, colocamos a culpa nas fraquezas de nossa carne. O grande Hahnemann, considerado o pai da homeopatia, dizia com acerto que "o corpo não dá cólera àquele que não a tem". Portanto, nossas dependências e fraquezas advêm de nossa falta de fé em nós mesmos e de nossa fragilidade espiritual. São, assim, inerentes ao espírito e não ao corpo. O Espírito Hahnemann, em O Evangelho segundo o Espiritismo, no Capítulo IX, item 10, completa suas ideias a respeito do assunto, dizendo:

"De acordo com a ideia completamente falsa de que não se pode reformar a própria natureza, o homem acredita que não tem obrigação de fazer esforços para se corrigir dos defeitos nos quais ele se compraz voluntariamente, ou que,

39

para serem eliminados, exigiriam muita perseverança. É assim, por exemplo, que o homem com tendência à cólera quase sempre se desculpa por seu temperamento. Em vez de reconhecer a sua culpa, ele transfere a sua falta para o seu organismo, acusando, dessa forma, a Deus por seus próprios defeitos... Sem a menor dúvida, existem temperamentos que se prestam mais que outros a atos violentos, assim como existem músculos mais flexíveis que se prestam melhor a grandes esforços. Não acrediteis, porém, que aí se encontre a principal causa da cólera; ficais certos de que um espírito violento, mesmo em um corpo sem energia, não será brando... O corpo não dá impulsos de cólera a quem não a possui, assim como não dá a outros vícios. Todas as virtudes e todos os vícios são inerentes ao espírito. Sem isso, onde estaria o mérito e a responsabilidade?... Dizei, pois, que o homem permanece vicioso porque quer ficar vicioso; mas aquele que deseja se corrigir sempre pode fazê-lo; se assim não fosse, a lei do progresso não existiria para o homem."

Culpar o nosso corpo por nossas fraquezas seria o mesmo que culpar a cor da roupa que estamos vestindo pelo nosso estado de alma. Quando nos excedemos na alimentação, além de nossas necessidades físicas, incorremos no vício da gula. Não é o corpo o responsável por nossos exageros alimentares, mas nós mesmos, em espírito, que desejamos prolongar o prazer, a satisfação de consumir um alimento. Na área da sexualidade, ocorre o mesmo. Portanto, somos responsáveis pela consequência de todos os nossos atos, de nossas escolhas. Quanto mais evoluído o espírito, menos desculpável será por não conter seus impulsos negativos. Com força, vontade e determinação, seremos livres e venceremos quaisquer de nossos vícios e inferioridades. Todos possuímos em nosso interior a centelha divina, e, com nossos esforços, alcançaremos sempre a supremacia do espírito sobre a matéria. A página intitulada "O que é um sábio", conta o seguinte[9]:

"O abade Abraão soube que perto do mosteiro de Sceta havia um sábio. Foi procurá-lo e lhe perguntou:
– Se hoje você encontrasse uma bela mulher em sua cama, conseguiria pensar que não era uma mulher?
– Não – respondeu o eremita. – Mas conseguiria me controlar.
O abade continuou:
– E se descobrisse moedas de ouro no deserto; conseguiria vê-las como se fossem pedras?
– Não. Mas conseguiria me controlar para deixá-las onde estavam.
– E se você fosse procurado por dois irmãos, um que o odeia e outro que o ama; conseguiria achar que os dois são iguais?
Com tranquilidade, ele respondeu:
– Mesmo sofrendo, eu trataria o que me ama da mesma maneira que o que me odeia.
Naquela noite, ao voltar para o mosteiro de Sceta, Abraão falou aos seus noviços:

---

9. RANGEL, A. *As mais belas parábolas de todos os tempos. O que é um sábio.* 9. ed. Belo Horizonte: Editora Leitura, 2002. v.1, p. 20.

– Vou lhes explicar o que é um sábio. É aquele que, em vez de matar suas paixões, consegue controlá-las."[10]

É necessário, pois, ao espírita cristão, combater suas más tendências. É preciso tomar, por sua firme vontade, a decisão de optar sempre pelo melhor, conscientizando-se de que é um ser humano livre por natureza, mas também responsável por seus atos e pensamentos, já que recebeu por herança natural o livre-arbítrio. Como disse o apóstolo Paulo: "Todas as coisas me são lícitas, mas nem todas me convêm."[11]

---

10. Idem.
11. I Epístola de São Paulo aos Coríntios, 6:12.

A EXISTÊNCIA DE DEUS

"A existência de Deus se prova por um axioma aplicado às Ciências: não há efeito sem causa. Procurai a causa de tudo que não é obra do homem e vossa razão vos responderá." Allan Kardec[12]

Ainda me recordo bem das conversas que tinha com uma colega, professora de Genética, muito materialista, na Universidade. Ela sempre tentava me demonstrar, através de seus conhecimentos, a não existência de Deus. Segundo ela, tudo era lenda, falsidade, ficção. Era só nos encontrarmos em algum corredor ou no pátio, que já começava sua cruzada em prol da inexistência de Deus. Sua tese era tão inconsistente que acabava por me divertir bastante. Certa vez, ela chegou a me prometer uma importância considerável se eu lhe provasse a existência de Deus, e eu, em tom de brincadeira, lhe ofereci o dobro se me provasse o contrário.

---
12. Kardec, A. *O Livro dos Espíritos*. Questão 4. São Paulo: Petit.

Sempre acreditei que mesmo o materialista mais convicto tem, no seu íntimo, algo de espiritual, ainda que constantemente propague sua tese agnóstica. Também acredito que, quando uma pessoa começa a defender ideias materialistas com muita convicção, está, na verdade, em um processo de despertar espiritual que, mais cedo ou mais tarde, virá à tona. Parece que essas pessoas sentem uma grande inquietude que gera, por sua vez, a necessidade de afirmação de sua descrença. Observo que muitos destes que se dizem ateus são pessoas agradáveis, bondosas e sempre estão prontas a servirem seu próximo. Por outro lado, conheço muitos que se intitulam cristãos e agem como se materialistas fossem. Prefiro os primeiros, pois percebo neles sinceridade e inquietude, enquanto que os segundos denotam fraqueza e hipocrisia.

Infelizmente, é bastante comum encontrarmos homens cultos e eruditos completamente ateus. Normalmente, os ambientes de Ciência e de Cultura, como as Universidades, estão repletos dessas pessoas que julgam saber tudo e não admitem que haja coisa alguma acima de seu entendimento. A própria ciência que professam os enche de presunção. Pensam que, pelo progresso constante de seus conhecimentos, chegará o dia em que tudo será explicado à luz do saber científico. Não foi, pois, por acaso, que Jesus afirmou que "o saber ensoberbece"[13]. É claro que, com essa frase, Jesus não quis dizer que deveríamos nos manter ignorantes para que pudéssemos progredir espiritualmente. Deixou-nos, ao contrário, a advertência de que serão bem-aventurados aqueles

---

13. I Epístola de São Paulo aos Coríntios, 8:1.

que não tiverem pretensões em relação à sua superioridade e infalibilidade.

Percebemos que os materialistas têm grande medo do nada e normalmente não são espíritos tão fortes quanto parecem. A maioria é insegura e medrosa. Falta-lhes, precisamente, a base para defenderem suas convicções, pois, para se crer em Deus, basta que se lance o olhar sobre as coisas da criação. O Universo existe, logo tem um motivo, uma explicação. Duvidar da existência de Deus é negar que todo efeito tem uma causa.

Há uma história sobre um rei materialista que ilustra bem essas ideias:

"Há muito tempo, em um reino distante, havia um rei que não acreditava na bondade de Deus. Tinha, porém, um súdito que sempre o lembrava dessa verdade. Em todas as situações dizia:

– Meu rei, não desanime, porque Deus é bom!

Um dia, o rei e o súdito saíram para caçar e uma fera da floresta acabou por atacar o rei. O súdito conseguiu matar o animal, porém não evitou que Sua Majestade perdesse o dedo mínimo da mão direita. O rei, furioso pelo que lhe havia acontecido e sem demonstrar agradecimento por ter sua vida salva, perguntou-lhe:

– E agora, o que você me diz? Deus é bom? Se Deus fosse bom, eu não teria sido atacado e não teria perdido meu dedo.

O servo respondeu:

– Meu rei, apesar de todas essas coisas, somente posso dizer-lhe que Deus é bom e que, mesmo isso, perder um dedo, é para o seu bem!

O rei, indignado com a resposta do súdito, mandou prendê-lo na cela mais escura e fétida do calabouço. Passado algum tempo, o rei saiu novamente para caçar e, novamente, foi atacado, mas, desta vez, por selvagens que viviam na floresta. Estes eram temidos por todos, pois se sabia que realizavam sacrifícios humanos para seus deuses. Mal prenderam o rei e já passaram a preparar, cheios de júbilo, o ritual do sacrifício. Quando tudo já estava pronto e o rei já se encontrava diante do altar, o sacerdote indígena, ao observar a vítima, disse furioso:

– Esse homem não pode ser sacrificado, pois é defeituoso! Falta-lhe um dedo!

E libertaram o rei. Ao voltar para o palácio, muito alegre e aliviado, libertou o súdito e pediu-lhe que viesse à sua presença. Ao ver o servo, abraçou-o afetuosamente e lhe disse:

– Meu caro, Deus foi realmente bom comigo! Você já deve saber que escapei da morte justamente por não ter um dos dedos. Mas ainda tenho em meu coração uma grande dúvida: se Deus é tão bom, por que permitiu que você fosse preso da maneira como foi, e, logo você, que tanto o defendeu?

O servo sorriu e lhe disse:

– Meu rei, se eu estivesse nessa caçada, certamente seria sacrificado em seu lugar, pois não me falta dedo algum."[14]

É lógico que entendemos que entregar nossa vida aos cuidados de Deus não significa deixar que Ele a viva por nós.

---

14. RANGEL, A. *As mais belas parábolas de todos os tempos*. Deus sabe o que faz. 9. ed. Belo Horizonte: Editora Leitura, 2002. v.1, pp. 76-77.

Significa reconhecermos e aceitarmos a sua grandeza, conscientizando-nos de que nossa felicidade corresponde aos resultados da harmonização de nossa caminhada evolutiva, conseguida sempre por meio das leis criadas pelo Pai. Nossa fé em Deus é importantíssima, mas precisa estar conjugada com a ação. Não é o bastante acreditar em Deus e ficar aguardando que a solução "caia do céu": é preciso agir em busca do objetivo.

Há uma história que diz que, em um dia de muita chuva, um homem muito religioso estava em sua modesta casa quando a água a inundou e começou a subir muito rápido. Passou um barco, que estava recolhendo pessoas ilhadas, lhe ofereceu ajuda, e eis a sua resposta:

– Não é preciso! Deus me salvará!

E a água continuava a subir... Dessa vez, passou uma lancha, e ele:

– Fiquem tranquilos! Confio em Deus!

E a água continuava a subir... Passou um helicóptero, e ele continuava a dizer:

– Sem problemas, gente! Deus me protegerá!

Só que, dessa vez, a água subiu mais e mais, derrubou a casa, e o pobre homem morreu afogado. Diante do Criador, na vida eterna, reclamou:

– Oh, Senhor! Confiei em vós e me falhastes!

– Engano seu, meu filho! Mandei um barco, uma lancha e um helicóptero pra te recolher!

Quando os espíritos falam

"Se algumas sementes caírem em corações maduros, haverá, por certo, gloriosas ressurreições. Mil e duzentas sementes de verdade serão lançadas no terreno da opinião. Se uma só florescer, nosso esforço não terá sido em vão." Allan Kardec

Há alguns anos, tivemos a alegria de conhecer Paris, a Cidade Luz, e, sem que soubéssemos, fomos agraciados com uma feliz coincidência. Ficamos hospedados no Boulevard Rochechouart, a avenida na qual as irmãs Baudin, excelentes médiuns, contribuíram, de modo decisivo, para o surgimento de O Livro dos Espíritos. Assinala Kardec que foram as senhoritas Baudin as médiuns que mais colaboraram para o surgimento desse extraordinário livro, tendo sido quase todo ele escrito nesse Boulevard. Depois dessa coincidência, procurei saber mais sobre essas senhoritas e seus familiares. Por volta do ano de 1853, a família Baudin morava na Ilha da Reunião, localizada no Oceano Índico, ao leste da África e perto de

Madagascar e das Ilhas Maurício. A família era constituída pelo Sr. Baudin, sua esposa, Clementine, e suas duas jovens filhas: Caroline, de 14 anos, e Julie, de 12. O Sr. Baudin era fazendeiro e industrial, proprietário de canaviais e cafezais natural e residente na Ilha. A família adorava o local e nunca antes havia pensado em se mudar daquele lugar paradisíaco. Entretanto, em um determinado dia de 1853, a família Baudin assistiu, pela primeira vez, na casa de amigos, ao inusitado fenômeno da "guéridon", bastante em voga na época e que já havia chegado à remota ilha. Tratava-se de uma mesa de pé-de-galo girante, através da qual os espíritos se comunicavam. Foi nessa reunião que a mediunidade da Sra. Clementine e das duas meninas começou a se manifestar de forma mais patente. Depois, com regularidade, o grupo passaria a se reunir em sua casa na fazenda, onde se manifestaria um espírito que se dizia protetor da família e que se identificou como Zéfiro.

Posteriormente, Zéfiro revelou que a família Baudin futuramente teria que deixar a Ilha da Reunião e ir a Paris, a fim de se reencontrar com seu antigo chefe e amigo de outras encarnações, Allan Kardec. A mudança perturbou a família, uma vez que nunca pensaram em abandonar a Ilha. Contudo, em 1855, a família Baudin rumou forçadamente a Paris, onde residiriam por volta de três anos, a convite do governo francês. As autoridades estavam interessadas em ouvir a opinião de alguns produtores coloniais a respeito da crescente concorrência do café e do açúcar brasileiros e também por outros diferentes motivos de negócios.

A família Baudin, sem que soubessem, estava comprometida com a terceira revelação. Por isso, por inspiração divina, se afastou da Ilha da Reunião para ir ao encontro de Allan Kardec em Paris, e, assim, ajudá-lo na codificação do Espiritismo. Segundo registros daquela época, foi na casa da Sra. Plainemaison, durante uma reunião, que Allan Kardec conheceu a família Baudin. Em sua agenda, mencionada em *Obras Póstumas*, ele assinalou: "(...) O Sr. Baudin me convidou para assistir às sessões semanais que se realizavam em sua casa, às quais me tornei, desde logo, muito assíduo (...). Os médiuns eram as duas senhoritas Baudin, que escreviam em uma ardósia com o auxílio de uma cesta chamada "carrapeta" e que se encontra descrita em *O Livro dos Médiuns*. Nessas reuniões se comunicava o espírito Zéfiro, que confirmava a sua condição de protetor da família Baudin. Assinala Kardec que foram as senhoritas Baudin que praticamente receberam mediunicamente todo *O Livro dos Espíritos*, na presença de sempre seleta e numerosa assistência.

Em uma noite, Zéfiro se manifestou a Allan Kardec, declarando-se também seu espírito protetor. Contou-lhe que o conheceu em uma existência anterior, no tempo dos Druidas, na Gália, quando Rivail (seu nome de batismo) se chamava Allan Kardec. Zéfiro, então, lhe revelou sua missão de Codificador da Doutrina Espírita, para a qual seria convocado pelo Espírito da Verdade.

Na casa da família Baudin, devido ao ambiente favorável, a manifestação de Zéfiro e de outros espíritos facilitava o intercâmbio com a espiritualidade.

Pelos fins de 1857, as irmãs Baudin se casaram e, assim, as reuniões cessaram e a família acabou por se dispersar. Ainda assim, as relações do codificador continuavam a dilatar-se, e os espíritos multiplicavam os meios de instrução, tendo em vista os trabalhos que ainda aguardavam a Allan Kardec. "É interessante perceber que, naquela longínqua Ilha, no Oceano Índico Ocidental, Jesus convocou espíritos encarnados e desencarnados, comprometidos com a missão de iniciar e concretizar, ao lado de Allan Kardec, o advento do Espiritismo. Os conduziu a Paris, motivados por um episódio que envolvia a futura pátria, o Brasil, que abrigaria para sempre O Consolador por Ele prometido."[15]

Nas sugestões e orientações mais sérias, Allan Kardec usava o Espírito da Verdade para dirimir as dúvidas mais importantes. Algumas vezes, os espíritos chegavam a bater nos móveis quando Kardec anotava algo que não aprovavam. Em 18 de abril de 1857, em plena primavera europeia, é lançado na livraria Dentu, no Boulevard des Italien, em Paris, os primeiros 1200 exemplares de *O Livro dos Espíritos*. Depois do evento, quase à meia-noite, Rivail, antes de recolher-se ao seu leito, escreve em seu caderno de memórias:

> "Mais de cem exemplares de *O Livro dos Espíritos* já se foram nesse primeiro dia, doados ou vendidos. Cada volume será um grão de vida nova lançado no coração de um homem velho. Se algumas sementes caírem em corações maduros haverá, por certo, gloriosas ressurreições. Mil e duzentas sementes de verdade serão lançadas no terreno da opinião. Se uma só florescer, nosso esforço não terá sido em vão."

---

15. PUGLIESE, A. *Primórdios do Espiritismo*. Reformador. Abril de 2007. Brasília: Federação Espírita Brasileira. pp. 162-164.

A procura da chave de nossa felicidade

"A felicidade não está fora de nós, onde sempre a procuramos, mas sim dentro de nós, onde raramente a encontramos."

O Espiritismo nos incentiva a procurar a felicidade em nós mesmos. O homem está cada vez mais perdido, mais sem rumo e sem direção, pois, em vez de procurar a felicidade dentro de si, espera encontrá-la nos prazeres e facilidades terrenas. Uma hilariante situação serve para identificar essa ambígua posição: um corredor, em desabalada carreira, se aproxima de outro corredor e pergunta:
– Aonde você vai com tanta pressa?
E o colega responde:
– Não sei.
– E você?
– Também não sei.
E o outro, então, propõe:

– Vamos, então, depressa, senão chegaremos atrasados.

A verdade é que a imensa maioria das pessoas está perdida e, não sabendo onde encontrar a felicidade que tanto almeja, comporta-se ora como os citados corredores, ora como náufragos em alto-mar que, quanto mais água salgada bebem, mais sede sentem. Querem viver a vida e ser felizes, consumindo-se em prazeres terrenos, e, quanto mais se entregam a esses prazeres, mais se infelicitam. Estão à procura da chave da felicidade em um local onde jamais a encontrarão.

Assemelhavam-se ao senhor Manuel, o qual, em noite escura, procura junto de um poste iluminado.

– Felizmente há um poste iluminado – pensou alguém que passava pelo caminho.

– Se não fosse o candeeiro, como encontrar o que se procura?

E um homem, que passava pela rua, lhe perguntou:

– O senhor perdeu alguma coisa?

– Perdi a chave da minha casa e estou a ver se a encontro.

Perder a chave de casa é uma situação bastante desagradável, e, sobretudo, àquela hora da noite. Senhor Manuel corria o risco de ficar na rua e ter que passar a noite por ali. O homem, condoído pela situação de senhor Manuel, começou, ele também, a procurar pela chave. Passada uma hora de tão paciente e infrutífera busca, eis que passa por ali outro homem que, intrigado com a cena, lhes faz a mesma pergunta. A resposta também foi a mesma: tratava-se da perda da chave de sua casa, e este homem também resolveu ajudá-lo na procura. Durante a busca, os homens perguntavam ao senhor Manuel se a chave era pequena ou grande; se tinha chaveiro ou não; enfim, todos os pormenores que pudessem ajudar a identificar a chave desaparecida. Mas, por mais que os três procurassem e vasculhassem o local, e, mesmo com a ajuda da luminosidade do candeeiro, nem um sinal da bendita chave. Até que um dos homens perguntou:

– O senhor tem certeza que foi aqui mesmo que perdeu a sua chave?

Ao que ele respondeu tranquilamente:

– Não. A falar a verdade, foi perto daquele outro candeeiro que eu perdi a chave... mas ele tem a lâmpada avariada e lá não dá para ver... aqui se vê melhor.

A chave da felicidade não está perdida em algum lugar, mas encontra-se em nós mesmos, onde raramente a procuramos.

O homem sempre está à procura de sua paz e felicidade; no entanto, ainda continua perdido, não sabendo, a maioria, qual caminho seguir. Sem rumo, sem roteiro e árido de valores espirituais, sofre imensamente. Essa busca tem levado muitas pessoas a procurar a felicidade fora de si, onde jamais a encontrarão. Sabemos, no entanto, que a felicidade não se subordina à aquisição de bens, mas é, necessariamente, a conquista espiritual de cada um. Nunca nos esqueçamos do que disse Jesus: "O reino dos céus não vem com nenhuma manifestação exterior, não estando, pois, nem aqui, nem ali, mas dentro de cada um de vós."[16]

---

16. Lucas, 17: 20-21.

Sendo assim, que possamos procurar nossa felicidade onde ela realmente se encontra: dentro de nós. A felicidade não é conseguida por meio de prazeres materiais ou com a aquisição de bens temporais. Ser feliz, para muitos, é ter uma conta bancária polpuda, o carrão importado, o palacete sonhado, a viagem dos sonhos... Já outros acreditam que só serão felizes quando alcançarem fama, poder e sucesso – e outros condicionam sua felicidade à inexistência de problemas. Estes dizem, sempre queixosos: "como posso ser feliz com tantos problemas e aborrecimentos?" Sabemos, no entanto, que a felicidade é uma conquista interior, não estando relacionada a nenhum bem externo.

A história nos dá o exemplo do famoso filósofo grego Diógenes, que vivia em um barril. Não adulava os ricos e poderosos, era completamente livre e sentia-se imensamente feliz. Dizem que, certo dia, Alexandre, O Grande, ouvira a fama de Diógenes e, depois de conhecê-lo, muito impressionado, lhe disse:

– Diga o que queres e eu o atenderei, seja qual for o seu desejo.

Então, o filósofo respondeu:

– Só desejo uma coisa Majestade. Há pouco eu estava desfrutando da luz do sol, mas Vossa Majestade se colocou diante de meu barril, fazendo sombra. Por favor, não obstrua a luz do sol. Esse é o meu único pedido.

Mesmo morando em um barril e não possuindo nada, Diógenes era livre e feliz. A felicidade é conquista individual. Não podemos mudar ninguém. O que posso, graças a meu esforço, é mudar a mim mesmo. Não podemos propiciar a felicidade aos outros, nem os outros propiciarem a nós. Felicidade é questão íntima. Ela é, antes de tudo, um estado de espírito, uma maneira de ver a vida.

ACREDITAR E AGIR

"A fé sem obras é morta em si mesma."
Tiago, 2:14

Assim como o amor, que se encontra de forma latente dentro de nosso coração, a fé está em forma de gérmen em todas as criaturas, independentemente de qual seja a sua religião. É, portanto, algo que depende de nosso esforço pessoal para crescer e germinar. Somos todos portadores de uma força interior, muitas vezes desconhecida por nós mesmos. Jesus procurava, com a sua superioridade espiritual e moral, ajudar as pessoas a despertar essa força já existente, independentemente de qualquer crença. Se observarmos atentamente os Evangelhos, notaremos que Jesus sempre transferiu as curas para a própria fé do doente. Embora algumas religiões apresentem Jesus como um taumaturgo, um fazedor de milagres, Ele, na verdade, foi um extraordinário psicólogo de nossas almas, que veio ao mundo despertar nos homens os potenciais latentes em todos os seres. Entendamos, portanto, que a fé é uma conquista que não está forçosamente ligada a qualquer ramificação religiosa. Entretanto, é certo que essa força existente em nosso interior pode ser ativada por vários mecanismos, sendo um deles a religião.

O apóstolo Tiago, em sua carta evangélica (2:14), assim se expressou: "Meus irmãos, de que adianta se alguém disser que tem fé e não tiver as obras? Porventura a fé pode salvá-lo?" O apóstolo deixou claro, nessa passagem, que a fé sem obras, sem ação, é morta em si mesma. A fé, pois, constitui-se em força motriz que impulsiona a caridade, em cujo trabalho o espírito se engrandece e alcança a plenitude da felicidade. Entregar nossa existência aos cuidados de Deus não significa deixar que Ele a viva ou a faça por nós. Significa reconhecermos e aceitarmos a sua grandeza, conscientizando-nos de que nossa felicidade corresponde aos resultados da harmonização da nossa caminhada evolutiva com as leis criadas por Ele, nosso Pai. Quando unimos nossa vontade com as forças divinas, essa fé se transforma na chamada "fé robusta", que é a nossa vontade potencializada pelas forças advindas de nosso Pai Celestial. Embora a fé seja imanente a todos os seres, independentemente dos credos religiosos aos quais se vincula, não resta a menor dúvida de que ela tem na religião um poderoso fator de despertar. Sendo assim, é possível a cura por meio da fé em qualquer ramo religioso, seja ele católico, budista, evangélico, espírita e, até mesmo, em um não religioso.

A caridade, como nos ensinou Jesus, baseia-se na benevolência para com todos, na indulgência e no perdão às ofensas. O nosso próximo é a ponte que nos liga a divindade; portanto, sem caridade, nossa evolução torna-se impossível. Podemos dizer que as dificuldades de nossas vidas estão vinculadas à falta de caridade e é nesse atributo que se encontra a nossa libertação. Por isso, nossa doutrina preconiza: "Fora da caridade não há salvação." O exercício da caridade faz com que nossa fé cresça e seja uma fé robusta. O desenvolvimento da fé é fruto de nossa maturidade pessoal; uns a exteriorizam de forma mais rápida; outros, de forma mais lenta, conforme o progresso do livre-arbítrio de cada um. A fé, portanto, é uma conquista e não é adquirida pela força da "graça divina". Esse entendimento de que a fé é resultado de uma ação passiva certamente ainda influencia vários seguidores de variadas religiões cristãs e deve-se, em parte, ao apóstolo Paulo, que, no início de seu apostolado, ainda com a mente cristalizada nos dogmas da lei judaica, afirmava que a "fé é dom divino." Ora, se é dom, é privilégio que Deus concede somente a determinadas criaturas. Posteriormente, o próprio Paulo refez seus conceitos, apontando a fé como conquista pessoal. A fé, como nos disse o apóstolo Tiago, deve ser operosa, e aquele que a desenvolver de tal modo deve aguardar a solução de seus problemas no clima do serviço em favor do próximo. Não nos iludamos! Para a superação dos obstáculos, só existe uma solução: o trabalho.

A caridade só é verdadeira e capaz de promover a evolução do espírito quando praticada com abnegação e constante sacrifício de todo interesse egoísta. Mas, para isso, ela tem que ser sustentada na fé, que lhe constitui a mola propulsora. A conquista crescente de nossa fé advém da abertura de nosso coração e de nossa mente ao estudo do Evangelho com o firme propósito de nos reformarmos intimamente, mediante a vivência dos seus ensinos. A fé legítima está associada à humildade, pois só é possuidor da fé verdadeira aquele que confia em Deus mais do que em si próprio, e isso vem a ser uma demonstração de humildade. Infelizmente, quando o ser se encontra na fase que chamamos de "fé infantil", não pensa por si mesmo, sendo, portanto, facilmente conduzido por outras pessoas. A criatura afirma que tem fé, mas apenas exteriormente, pois na realidade não pratica o que diz possuir. Essa é uma "fé de fachada" e é esse tipo de fé que Tiago critica e diz ser inoperante.

Para melhor ilustrar o que estamos dizendo, me lembrei de uma história de um equilibrista que, por volta do ano de 1860, apresentando um espetáculo público, cruzava as famosas Cataratas do Niágara. Depois de esticar um cabo de aço entre as duas extremidades da formidável queda d'água, a atravessou e depois retornou à margem. Sua coragem arrancou aplausos nervosos e prolongados da multidão presente. Em seguida, repetiu a façanha. Com a intenção de aumentar o grau de dificuldade que enfrentava, conduzia agora um carrinho vazio, semelhante àqueles utilizados na construção civil. Que coragem, que façanha extraordinária realizava aquele equilibrista nas alturas! Foi quando provocou a plateia, perguntando:

– Agora eu vou fazer novamente o mesmo percurso, carregando alguém no carrinho. Quem acredita que eu sou capaz de ir e voltar, são e salvo, com outra pessoa?

E todos, diante da tamanha destreza que demonstrara o artista, disseram que acreditavam. Pediu ele, então, um voluntário para fazer a travessia. Embora todos houvessem dito que acreditavam na façanha proposta pelo equilibrista, a multidão, nesse momento, silenciou-se. Ninguém se candidatou. Por que ninguém se apresentou? Porque a fé daquelas pessoas era apenas de ordem intelectual, teórica, sem nenhuma fidelidade ao que estavam dizendo. É a fé nos outros, mas não em si mesmo.

Nosso saudoso Leopoldo Machado conta-nos outra história, em forma de anedota, que diz:

"Por uma estrada lamacenta, no interior mineiro, iam dois carroceiros. A certa altura, as carroças atolaram. Um dos homens soltou um sonoro palavrão e, tendo metido mãos à obra, tirou a junta de bois do buraco e seguiu em frente. O outro, escandalizado, caiu de joelhos e orou a Deus: "Oh! Pai Celeste! Tire-me desta dificuldade!". E continuou o carroceiro religioso orando, no mesmo lugar, até hoje, de onde ainda não conseguiu sair."[17]

A fé é importante, mas precisa estar conjugada com a ação. Não é bastante ter fé e ficar aguardando que a solução de nossas dores e problemas caia do céu. É preciso agir.

---

17. BOBERG. J.L. *Fé Ativa*. O Poder Da Fé. Capivari: Editora EME, 2005. pp. 125-130.

As coisas sempre foram assim

"Só é realmente livre quem estiver liberto das algemas do preconceito." José Carlos de Lucca

Vivemos em uma sociedade injusta e preconceituosa. Segundo os dicionários, preconceito é um conceito formado antecipadamente, sem maior ponderação ou conhecimento dos fatos. É, pois, um preconceito, e, como disse Voltaire (1694–1778), é opinião sem julgamento. O texto: "As coisas sempre foram assim"[18] ilustra bem o que é o preconceito:

> "Um grupo de cientistas colocou cinco macacos em uma jaula, na qual havia uma escada e, sobre ela, um cacho de bananas. Quando um macaco subia na escada para pegar as bananas, os cientistas jogavam um jato de água fria nos que estavam no chão. Depois de certo tempo, quando um

---
18. RANGEL, A. *As mais belas parábolas de todos os tempos*. As coisas sempre foram assim. 2. ed. v.2. Belo Horizonte: Editora Leitura, 2002. p. 94.

macaco ia subir a escada, os outros o pegavam e batiam nele. Com mais algum tempo, nenhum macaco subia mais a escada, apesar da tentação das bananas. Então, os cientistas substituíram um dos macacos por outro. A primeira coisa que este fez foi subir a escada. No mesmo momento, foi retirado pelos outros que, em seguida, o surraram. Depois de algumas surras, o novo integrante do grupo não subia mais na escada. Um segundo macaco foi substituído e, com ele, ocorreu a mesma coisa. E o curioso foi que o primeiro substituído participava agora, com entusiasmo, das surras dadas no novato. Um terceiro foi substituído e a situação se repetiu. E depois um quarto e, finalmente, o último. Os cientistas, então, ficaram com um grupo de cinco macacos que, mesmo nunca tendo tomado um jato frio, continuavam batendo naquele que tentasse pegar as bananas. Se fosse possível perguntar a algum deles por que batiam em quem tentasse subir a escada, com certeza, a resposta seria:

– Não sei, mas as coisas sempre foram assim por aqui."

Na verdade, é assim que funciona o preconceito. Não temos ideia de como tudo começou, mas agimos seguindo o que os outros fazem.

Agimos da mesma maneira dos macacos do texto anterior. Por exemplo, se as pessoas dizem que os ciganos são ladrões, tendemos a aceitar isso como verdade e acreditamos que todos são. Se alguém se mostra bem vestido, bem apresentável, tendemos a achar que, por estar bem vestido, é uma boa pessoa. Caso contrário, dificilmente esta pessoa nos inspirará confiança, já que o preconceituoso julga sempre pelas aparências.

Uma pessoa de boas posses, mas muito simples no vestir e no falar, quis comprar um carro importado. Foi até a loja, e o vendedor, impressionado por sua aparência, não lhe deu a mínima importância, quase não respondendo às perguntas do cliente sobre um veículo de 70 mil dólares. Um tanto decepcionado, o homem saiu da loja bastante frustrado, uma vez que o vendedor lhe fornecera pouquíssimas informações e, afinal de contas, a compra daquele carro seria um investimento de altas proporções. Mas, como estava decidido a adquirir aquele automóvel, procurou outra revendedora no mesmo dia. Quando chegou ao outro local, foi atendido por uma vendedora muito simpática e atenciosa que, não dando importância à sua aparência, lhe cobriu de gentilezas. Forneceu-lhe todas as informações e explicações sobre o veículo e, assim, conquistou o cliente. O negócio foi fechado na hora, e, dois dias depois, o homem já estava de posse de seu novo veículo.[19]

As ideias preconceituosas assentam-se na falsa premissa de que alguém possa ser superior a outrem por esse ou por aquele detalhe. Pura arrogância. Nossa superioridade não advém de posturas externas ou materiais. Como nos ensinou Jesus, o maior espírito que aportou o planeta Terra: "quem nasceu o maior deverá se comportar como o menor de todos". Se queremos ser felizes, temos que lutar mais pela nossa felicidade, pois felicidade é atributo ligado ao espírito e não aos poderes temporais. Se acredito na reencarnação, tenho ciên-

---

19. DE LUCCA, J.C. *Você é preconceituoso?* Sem medo de ser feliz. São Paulo: Petit Editora.

cia de que se hoje estou reencarnado em determinada classe social, amanhã, possivelmente, já estarei em outra, amealhando novos conhecimentos e novas experiências. Se hoje desprezo ou desrespeito determinada condição social, religiosa ou política, amanhã, muito provavelmente, estarei reencarnado entre aqueles pertencentes ao grupo que hoje hostilizo. Quando anunciaram que Jesus tinha vindo da região da Galileia, alguém preconceituoso perguntou: "pode vir alguém bom da Galileia?"[20] Na verdade, ninguém deve ser julgado pelo local de nascimento, por sua cor, por sua religião ou por qualquer outra característica. Jesus sempre combateu todo e qualquer tipo de preconceito. Nossa essência é a mesma: somos filhos de Deus, herdeiros do universo, espíritos imortais.

---

20. João, 7: 52-53.

Ajuda do Além

"Temos a nos rodear uma grande nuvem de testemunhas." (Paulo, Hebreus, 12:1)

Pelo pensamento, elegemos a companhia espiritual que melhor nos apraz. Allan Kardec constatou em seus estudos a Lei da Sintonia e Afinidade, que determina a influência que os seres exercem sobre nós. Nada se dá por acaso e todo efeito tem sua causa. Se estamos sendo foco de alguma influência ou perturbação espiritual, é porque, de alguma forma, a provocamos. Quando nossa casa mental está vazia de ideais superiores, de motivação existencial, podemos ser vítimas fáceis desses desequilibrados do além. Temos sempre que observar quais tipos de seres hospedamos em nossa casa mental. Basta que analisemos nossas emoções e sentimentos para sabermos com segurança os amigos nos quais estamos sintonizados. Muitas vezes, para que nos sintamos melhor, temos que despejar hóspedes indesejáveis e convidar outros mais recomendáveis em favor de nossa paz.

Somos como ondas de rádio e sempre nos sintonizamos na frequência que escolhemos. Precisamos nos cuidar, pois, infelizmente, na fase atual de nossa existência, ainda temos muitos inimigos espirituais, que só esperam uma pequena brecha, um pequeno deslize, para que possam exercer seus propósitos infelizes sobre nossas mentes. Agem como os antigos caçadores de rinocerontes que, conhecendo a carapaça dura e queratinosa desses quadrúpedes, procuravam sempre atingi-los na parte mais fraca e vulnerável da sua estrutura. Sabiam que o tiro fatal deveria ser dado no focinho do animal, já que esta é a parte mais vulnerável de seu corpo. Tais e quais os caçadores, nossos inimigos espirituais sabem de nossos defeitos, de nossos pontos fracos, e estão sempre prontos para nos abaterem.

Há de se convir, no entanto, que não somos escravos das influências espirituais negativas de quem quer que seja e sempre podemos nos desvencilhar das mesmas, bastando, para isso, vontade e determinação. Não somos joguetes nas mãos desses espíritos ignorantes que estão sempre querendo a vingança e a desforra. Se não posso mudar esses seres espirituais, posso mudar a mim mesmo, e, dessa forma, me proteger dessas influências indesejáveis. Não posso mudar ninguém que não quer ou ainda não está preparado para as mudanças, mas, certamente, posso mudar a mim mesmo. Nunca nos esqueçamos de que os bons espíritos sempre vêm em nossa ajuda, quando fazemos por merecer sua companhia. Quantos de nós somos, diariamente, ajudados por nossos anjos guardiões, que velam por nós como pais espirituais? Quanta ajuda recebemos durante o sono, enquanto nosso corpo repousa, quando, em espírito, recebemos sublimes esclarecimentos no mundo espiritual?

Diversos homens de Ciência relataram, através dos tempos, a grande ajuda de seres espirituais em suas pesquisas e projetos. Se Deus julgar conveniente, esses seres podem revelar aspectos científicos ainda desconhecidos dos homens encarnados. O grande cientista Inácio Semmenweis (1694 – 1778), um médico húngaro renomado, afirmou que, durante um sonho, lhe foi revelada a causa da febre puerperal que acometia as parturientes. Foi o primeiro passo para a descoberta do processo que leva à infecção. Em determinada noite, recebeu a sugestão de um amigo espiritual para que, durante suas visitas ambulatoriais com estudantes de Medicina, visitasse primeiro o ambulatório das gestantes e, só então, fosse aos ambulatórios reservados aos doentes com enfermidades infecto-contagiosas. Essa orientação era importantíssima, pois os estudantes, ao passar primeiro pelo ambulatório das pacientes enfermas, poderiam aí contaminar-se e, assim, levar bactérias ao ambulatório das gestantes. Essa orientação diminuiu bastante a incidência da febre puerperal em suas pacientes. Nessa época, a Medicina não tinha ainda conhecimento da propagação de doenças através das bactérias. Em 1905, quando publicou a Teoria da Relatividade, Albert Einstein contou que, em certa noite, após muito meditar a respeito dos insondáveis mistérios cósmicos, pensou em abandonar suas pesquisas. Sentia-se impotente para tarefa de tal magnitude. Então, aconteceu uma visão de impressionante clareza e precisão. Diante de seus olhos, delineou-se a imagem perfeita do universo. Qual se fora privilegiado expectador, observou extasiado seu funcionamento, sua complexa estrutura, envolvendo espaço e tempo. Imediatamente, escreveu, explicando minuciosamente o que lhe foi dado ver. Organizou mapas, onde desenhou com a máxima exatidão todas as figuras astronômicas em suas diferentes movimentações, a fim de que pudesse formular sua teoria e torná-la compreensível. A explicação de Einstein evidencia que ele foi decisivamente influenciado por orientadores espirituais que colaboram em favor do progresso humano. Graças à mediunidade estamos em permanente ligação com o mundo dos espíritos. Se Deus julgar conveniente, Ele pode revelar, através de Seus prepostos espirituais, o que à Ciência não é dado conhecer. Ideias e impulsos que surgem a cada passo são, com frequência, frutos dessa comunhão entre encarnados e desencarnados. Sócrates, consciente da presença de um mentor espiritual, proclamava ter um gênio particular que com ele conversava e o orientava.

Somos todos assistidos por benfeitores espirituais que nos inspiram a trilhar o caminho do bem. Muitos conduzem sua existência inspirados por eles, enquanto outros se permitem influenciar, negativamente, por maus espíritos. É a lei da afinidade, em que o homem comum tende a cercar-se de espíritos que guardam correspondência com suas tendências imediatistas. Temos, portanto, que vigiar incessantemente nossos atos e pensamentos, procurando sempre pautar nossas vidas em favor do bem e do amor, para que possamos sempre ser influenciados pelo bem. Ao agirmos como cristãos, estaremos nos precavendo dos dissabores das más companhias, resguardando, assim, nossa casa mental contra malfeitores e desocupados do além. Uma pergunta, no entanto, se faz necessária:

ACREDITAR E AGIR

por que espíritos desajustados nos envolvem tão facilmente?

Podemos responder com a velha pergunta de algibeira:

– Por que o cachorro entra na Igreja?

– Ora, entra porque a porta está aberta.

A nossa casa mental está vazia de ideais superiores de motivação existencial.

Como podemos fechar essa porta? Praticando o bem e pondo em Deus toda a nossa confiança.

73

Bom-senso

"Um ato bom e generoso alimenta
a alma de quem o pratica."

Quem ama a vida pacata das pequenas cidades do interior certamente gostará de Inhaúma, no interior do Estado de Minas Gerais. Quase um bairro da cidade de Sete Lagoas e a setenta quilômetros de Belo Horizonte, Inhaúma encerra toda a graciosidade e bucolismo das cidadezinhas do interior mineiro. A impressão que se tem ao andar por suas ruas é a de que estamos num vasto jardim, tal a quantidade de praças floridas e bem cuidadas, que surgem quase a cada esquina. Suas ruas limpas, com os prédios públicos bem conservados e pintados, nos dão a ideia de um povo organizado e muito educado. Quando, nos dias de festas ou nas noites de sábado e domingo, presenciamos a bandinha de música São Sebastião desfilar por suas ruas, somos envolvidos por uma nostálgica sensação de paz, saudade e ternura, que nos faz lembrar dos tempos idos e vividos que os anos já não trazem mais.

Vendo a bandinha passar, meu coração bate mais forte, ao recordar minha juventude, das serestas nas noites enluaradas, das barraquinhas e quermesses no largo da matriz e dos banhos de rio na fazenda do "seu" Alico. Era grande a amizade que me unia àquela moçada alegre e feliz, que não conhecia as drogas nem a violência das grandes cidades. Amo Inhaúma como um de seus filhos, e, por isso, desde rapaz, tenho tido o privilégio de ir, quase que semanalmente, desfrutar das delícias dessa cidadezinha linda e pacífica e encontrar-me com a Mãe Natureza, no Recanto do Batuíra, uma bonita chácara que lá possuímos.

Em uma dessas idas a Inhaúma, assistia a uma interessante partida de futebol de salão, no Clube Inhaumense, quando, de repente, os ânimos dos jogadores e da torcida se exaltaram com a marcação de um pênalti um tanto quanto duvidoso. A partida estava sendo disputada sob muita emoção e rivalidade, pois os clubes representavam facções políticas contrárias, e a torcida, evidentemente, estava também dividida pelo mesmo critério. A rivalidade era muito mais política do que esportiva, já que um time representava o governo e o outro, a oposição. O juiz, então, autorizou a marcação da falta, colocando a bola na marca do pênalti. Nesse momento, entrou um torcedor mais exaltado e a chutou para fora. E isso se repetiu algumas vezes. O clima estava tenso e insustentável, as partes envolvidas não chegavam a um acordo. Faltava menos de um minuto para o fim da partida, e o jogo, empatado. Alguém mais sensato, sentindo a gravidade da situação, lembrou-se de chamar a polícia, na tentativa de que a partida tivesse seu desfecho e a segurança fosse restabelecida. Com a chegada do policial, resolveu-se acatar a decisão do árbitro e os ânimos exaltaram-se ainda mais. Sob escolta policial, a bola foi colocada na marca do pênalti. Nosso amigo Délcio foi o jogador escalado para batê-lo. Na verdade, era o mais indicado para a cobrança, já que era ex-atleta profissional do Valeriodoce Esporte Clube e tinha bastante experiência para definir a partida. Preocupado, notei pela exaltação dos ânimos que o gol poderia originar um grande tumulto. Délcio, no entanto, usando de sabedoria salomônica ao bater o pênalti, resolveu dar um chutinho fraco para fora. Foi o mesmo que jogar um balde de água fria nos contendores! Com esse gesto, a partida terminou empatada, evitando, assim, uma briga de grandes proporções. Na volta para casa, fui refletindo como são importantes esses pequenos detalhes, quando a renúncia e o bom-senso podem evitar situações difíceis e perigosas. Pensar nos outros antes de pensar em nós mesmos é ato nobre e meritório.

Infelizmente, nossa sociedade está muito carente de pessoas educadas, afáveis e delicadas, capazes de saírem de si mesmas para pensar nos demais. Se observarmos a escala social da nossa humanidade, veremos que a delicadeza, a amabilidade, a educação e os bons modos são ferramentas sempre usadas por almas nobres, de corações bem formados. Ao contrário, a pessoa irada, bruta, que por muito pouco perde o controle de suas palavras e de seus gestos, demonstra o estágio ainda atrasado no qual se encontra, tanto moral como espiritualmente. Calar-se diante de uma ofensa, levar sempre no rosto um sorriso alegre, ceder nosso lugar no ônibus às mulheres ou às pessoas mais idosas, caminhar pela vida com simpatia são fatores que enriquecem nosso caráter e nos fazem bem.

A gentileza é precisamente isto: viver os pequenos detalhes, ter gosto em agradar, em servir, em ajudar, fazendo com que nossa vida tenha um melhor sentido. Nunca nos esqueçamos de que a gentileza, a amizade e o bom-senso são sempre mais fortes do que a força e a violência.

Na atualidade terrena, o vocábulo "manso" tem um sentido quase que pejorativo. Usá-lo para se referir a alguém soa como um xingamento. É como dizer "é um pobre coitado, corre água em suas veias". Isso porque ainda estamos distanciados da angelitude, e a violência é o clima próprio da personalidade humana, ainda próxima da animalidade. Jesus, entretanto, nos disse: "Aprendei de mim, que sou manso e humilde de coração". Tenhamos, pois, paz com os que nos cercam, lutando contra as sombras que ainda perturbam nossa existência. Alimentando a guerra contra nossos semelhantes, nos perdemos nas trevas exteriores, esquecendo o bom combate que nos cabe manter em nós mesmos.

Casados com a pessoa certa

"O familiar difícil não é um problema cármico que nos cabe aturar, como erroneamente se pensa. É, antes de tudo, um irmão a quem devemos amar." José Carlos de Lucca

Nenhum cônjuge está ao lado da pessoa errada. Estamos casados exatamente com a criatura que a Providência Divina crê mais adequada para a nossa evolução. Estamos, portanto, ao lado das pessoas mais certas para nosso crescimento espiritual. Não temos as esposas ou esposos que sonhamos, mas aqueles que merecemos. Quis Deus que os seres se unissem, não só pelos laços da carne, mas também pelos laços da alma, para que a afeição mútua dos esposos fosse transmitida aos filhos. Infelizmente, a maioria dos casais ainda não conhece verdadeiramente a lei do amor, e, por isso, muitos casamentos acabam precocemente. Na fase evolutiva na qual nos encontramos, o que chamamos de amor é um sentimento ainda muito possessivo e egoísta. Muitas vezes, confundimos amor com paixão. Na verdade, quando nos apaixonamos, estamos apenas pensando em nós mesmos. Esta pode até ser a primeira fase, para que, no futuro, se possa amar verdadeiramente, mas paixão é muito diferente de amor. Paixão é deslumbramento, entusiasmo, loucura e desejo. É uma fase curta que não dura mais do que dois anos. À medida que a paixão diminui, a realidade aflora, e, se não houver mais alguns elementos essenciais na relação a dois, como o carinho, o respeito e a amizade, o sentimento acaba por se extinguir. Em *O Livro dos Espíritos*, encontramos: "Duas espécies há de afeição: a do corpo e a da alma, acontecendo, com frequência, tomar-se uma pela outra. Quando pura e simpática, a afeição da alma é duradoura; efêmera é a do corpo. Daí vem que, muitas vezes, os que julgavam amar-se com eterno amor passam a odiar-se, desde que a ilusão se desfaça."[21] Desse modo, é muito comum encontrarmos casais que acreditam amar-se perdidamente, mas apenas vislumbram as aparências. E, quando são impelidos a ter uma convivência mais próxima e regular, não tardam a reconhecer que esse sentimento não passava de um entusiasmo passageiro.

Quase sempre estamos em busca de nossa alma gêmea, o homem ou a mulher perfeita. Sonhamos viver eternamente na companhia de alguém que nos compreenda e nos ame eternamente, vendo somente nossas qualidades e virtudes. Entretanto, nossos amigos espirituais nos informam de que nem tudo são flores em nossos lares, pois somos herança de

---

21. KARDEC, A. *O Livro dos Espíritos*. São Paulo: Petit Editora, 2010, Questão 939.

ACREDITAR E AGIR

nós mesmos. Ao lado de pessoas que muito amamos, temos sob o nosso teto muitos desafetos que a bondade divina colocou junto a nós para o necessário resgate. No 20º capítulo de *Nosso lar*, obra do Espírito André Luiz, psicografada por Francisco Cândido Xavier, "Noções de lar", encontramos importantes considerações para nossa reflexão:

"O lar é como se fosse um ângulo reto nas linhas do plano da evolução divina. A reta vertical é o sentimento feminino, envolvido nas inspirações criadoras da vida. A reta horizontal é o sentimento masculino, em marcha de realizações no campo do progresso comum. O lar é o sagrado vértice onde o homem e a mulher se encontram para o entendimento indispensável. É templo, onde as criaturas devem unir-se espiritualmente antes que corporalmente...

Por enquanto, raros conhecem que o lar é instituição essencialmente divina e que se deve viver, dentro de suas portas, com todo o coração e com toda a alma...

Na fase atual evolutiva do planeta existem, na esfera carnal, raríssimas uniões de almas gêmeas, reduzidos matrimônios de almas irmãs ou afins, e esmagadora porcentagem de ligações de resgate. O maior número de casais humanos é constituído de verdadeiros forçados, sob algemas..."

Sobre isso, há uma história de um homem que saiu pelo mundo à procura da mulher ideal. Depois de dez anos de busca, resolveu voltar para sua aldeia. Seu melhor amigo lhe pergunta:

– Encontrou a mulher perfeita em suas andanças?

O homem responde:

– Ao sul, encontrei uma mulher linda. Seus olhos pareciam duas pérolas, seu cabelo era da cor da asa da graúna, e seu corpo, lindo como o de uma deusa...

O amigo, entusiasmado, diz:

– Onde está a sua esposa?

– Infelizmente, ela não era perfeita, pois era muito pobre... Fui para o norte e encontrei uma mulher que era a mais rica da cidade e não tinha noção de quanto dinheiro e poder possuía.

Então o amigo disse:

– Então essa era perfeita?

– Não... O problema é que nunca vi criatura mais feia em toda a minha vida... Mas, finalmente, no sudeste, conheci uma mulher linda. Sua beleza era de ofuscar os olhos e, além disso, era muito rica. Era perfeita!

– Então, você se casou com ela, não é?

– Não, porque, infelizmente, ela também procurava o homem perfeito.[22]

Sendo assim, não temos as esposas ou esposos que sonhamos, mas sim aqueles que merecemos. Estamos, pois, exatamente ao lado das criaturas mais adequadas a nossa evolução espiritual. O maior número de casais humanos, como vimos, é constituído de verdadeiros forçados sob algemas. Certo é, portanto, florescermos onde estivermos plantados, procurando sempre compreender, amar e dialogar com nosso cônjuge.

---

22. RANGEL, A. *As mais belas parábolas de todos os tempos.* A mulher perfeita. Belo Horizonte: Editora Leitura, 2002. v.1, p. 231.

Dr. José Carlos de Lucca, na página "Qualquer coincidência", nos deixa um exemplo de compreensão e tolerância entre os casais: "Ao completar cinquenta anos de matrimônio, o casal foi entrevistado por um repórter que desejava saber o segredo de uma união tão duradoura. O primeiro a responder foi o marido:

– Você conhece o pão-bengala? Eu adoro o bico desse pão, mas, desde que casei, eu o corto e dou para a minha mulher.

O repórter voltou-se então para a esposa e perguntou-lhe:

– E para a senhora, qual é o segredo?

Ela, olhando para o homem, respondeu:

– Eu detesto o bico do pão e há cinquenta anos eu o como sem reclamar."[23]

---

23. DE LUCCA, J.C. *Com os olhos do coração*. São Paulo: Petit Editora, 2005.

O mineiro do século

"Embora ninguém possa voltar atrás e fazer um novo começo, qualquer um pode começar agora e fazer um novo fim."

Francisco Cândido Xavier

Agradeço sempre a Jesus por ter sido contemporâneo de um espírito iluminado como foi o de Chico Xavier. Tive a oportunidade de conhecê-lo pessoalmente e ainda receber dele um lindo postal de Natal autografado, em homenagem a mim e a minha esposa. Logicamente, esse postal se tornou para nós uma relíquia, e hoje enfeita a cabeceira de nossa cama como uma dádiva espiritual em forma de quadro. Logo que o filme homenageando os cem anos de seu nascimento entrou em cartaz, fomos assisti-lo e voltamos emocionados. Aninha, ao chegar em casa, beijou o quadro e abraçou-o junto ao coração. Agradecemos a Deus a oportunidade de compartilhar, nesta existência, a presença, entre nós, do nosso querido Chico Xavier, um verdadeiro missionário de Jesus. Com a sua bondade, humildade e comprometimento com a causa do Cristo, foi, a nosso ver, o maior médium que o mundo conheceu.

Em 1979, Chico inscreveu seu nome na história em razão de uma decisão inédita do Judiciário Brasileiro, que acatou uma mensagem psicografada por ele como importante peça de um processo penal que acabou por absolver José Divino, acusado de ter assassinado o amigo Maurício Garcez Henrique, em Goiânia. A repercussão da sentença, proclamada pelo Dr. Orimar de Bastos, como não poderia deixar de ser, foi imensa, dividindo opiniões. Todavia, pesou sobre a decisão do juiz a credibilidade do médium Francisco Cândido Xavier. Em uma promoção realizada pela Rede Globo Minas, foi escolhido como o Mineiro do Século, concorrendo com personalidades como Juscelino Kubitschek, Santos Dumont, Pelé, Carlos Drummond de Andrade e muitos outros. Além disso, pela Lei Estadual nº 13.394, de 7 de dezembro de 1999, e publicada no Diário Oficial de Minas Gerais, foi agraciado com a Comenda da Paz Chico Xavier, em 3 de março de 2001, uma homenagem do então governador Itamar Franco. Fato inédito, pois, pela primeira vez na história do Brasil, um agraciado recebeu, em vida, uma comenda que levava seu nome.

A humildade e o amor de Chico transcendem as religiões. No programa "Pinga-Fogo", apresentado pela extinta TV Tupi de São Paulo, canal 4, nos anos de 1970, o ator e diretor do filme *O pagador de promessas*, premiado no Festival de Cannes, Anselmo Duarte, perguntou o que Chico pensava sobre os milagres da Igreja Católica. Incluía aí as aparições de Nossa Senhora de Lourdes, em Fátima, desejando saber se o fato seria uma materialização. Queria também averiguar se os chamados santos, da Igreja Católica, teriam deixado alguma mensagem por intermédio de um médium espírita. E Chico lhe respondeu:

"– Em nossa infância e na primeira juventude, frequentamos a Igreja Católica com o mesmo respeito com que nos dirigimos hoje à reunião espírita cristã. Tivemos ocasião de visitar, pessoalmente, a cidade de Lourdes, e vimos ali demonstrações extraordinárias de fé e sentimos a espiritualidade do Evangelho na cidade como se o Cristianismo estivesse renascendo na procissão, em toda a sua pureza. Portanto, todos os fenômenos de bondade divina, através da Igreja Católica, que nós consideramos como mãe de nossa civilização, são legítimos credores de nossa veneração. Nós não estamos separados, os evangélicos reformistas nem os espíritas cristãos, por diferenças fundamentais. Os espíritos ensinam que estamos em faixas diferentes de interpretação, mas somos uma só família diante de Nosso Senhor Jesus Cristo. Nós não podemos esquecer isso e amamos a religião tradicional em tudo o que ela tem de divino, embora estejamos, pessoalmente, na faixa do Espiritismo Cristão de Allan Kardec, porque a mediunidade nos chamava ao trabalho que também é profundamente cristão. E, para ele, um dia partimos das nossas atividades da Igreja Católica, com a benção do sacerdote que amávamos como se ama a um pai."

Também ficou famoso no Brasil o depoimento de frei Beto, à Revista Época, sobre Chico Xavier:

"As escrituras registram que Jesus passou a vida fazendo o bem. O mesmo se aplica a Francisco Cândido Xavier, o mais famoso kardecista brasileiro e um dos autores mais lidos no país... Chico Xavier é cristão na fé e na prática. Famoso, fugiu da ribalta. Poderoso, nunca enriqueceu. Quem dera nós, católicos, em vez de nos inquietarmos com os mortos que escrevem pelas mãos de Chico, seguíssemos, com os vivos, seu exemplo de bondade e amor."

Chico, por ser naturalmente muito humilde, se incomodava com o assédio das pessoas que faziam questão de elogiá-lo publicamente. Andava constrangido com tantos elogios à sua pessoa e, um dia, em sua casa, afastado dos aplausos, dizia para si mesmo:

– Vou deixar de psicografar, pois sou um verdadeiro ladrão, roubando obras que não são minhas. Os abraços, os parabéns e os elogios que recebo cabem aos espíritos de Emmanuel, de André Luiz, Néio Lúcio e outros, que são os autores legítimos dos livros magníficos...

O espírito Néio Lúcio, que ouvira seus pensamentos, apareceu e lhe disse:

– *Ouvi seus pensamentos, Chico, e vou lhe contar uma pequena história: em certo município, dois lugarejos se defrontavam, separados apenas por uma pequena distância. Um com a população quase toda doente e sem recursos de nenhuma espécie. Por isso, era necessário alguém ou alguma coisa que servisse de intermediário entre as duas cidades, para levar a uma delas o que faltava na outra, mas ninguém queria servir de ligação, ninguém queria realizar o trabalho socorrista. Foi quando, como que mandado do Céu, apareceu um burrinho humilde e manso, que, com pouco trabalho, tornou-se obediente e capaz de levar, sozinho, os recursos do distrito rico ao distrito pobre. O burrinho, tendo ao lombo dois grandes cestos, um de cada lado, foi recebendo as doações. Um colocava alimento, outro remédio e mais outras roupas. Levavam-no para a saída da cidade e lá ia ele, mecanicamente, levar a carga para o distrito pobre. Então, voltava bem alegre por ter cumprido esse dever abençoado e repetia, sucessivamente, suas viagens.*

Antes que o espírito terminasse a história, Chico exclamou:

– Está bem, Néio Lúcio, eu aceito o serviço como o burrinho.

E nunca mais se importou com elogios, pois aprendera a lição da humildade, do conhecimento de si mesmo. Lição para nós todos...[24]

Chico sempre gostava de dizer que não era nenhuma pessoa especial. Gostava mesmo de ser comparado a uma besta ou a um burrinho de carga a serviço de Jesus. Mesmo assim, nunca lhe faltaram inimigos, tanto encarnados quanto desencarnados. As falanges de espíritos inferiores nunca concederam trégua ao Chico, procurando, de todas as maneiras, comprometer o seu trabalho.

Um dos casos mais conhecidos foi o da revista *O Cruzeiro*, que demonstrava verdadeira aversão pelo Espiritismo. A revista, quase que semanalmente, publicava reportagens

---

24. BACCELLI, C.A. *Fenômeno Humano e Mediúnico*. 100 anos de Chico Xavier. Uberaba: Livraria Espírita Edições Pedro e Paulo, 2010.

violentíssimas, atacando a mediunidade e o kardecismo. A campanha durou três meses consecutivos, ocupando nada menos do que setenta páginas, ilustradas por mais de oitenta fotografias. Esse terremoto jornalístico teve repercussão internacional, porque *O Cruzeiro* era editado também em Língua Espanhola. Dois dos repórteres mais populares da revista, David Nasser e Jean Manzon, foram enviados para Pedro Leopoldo, com a ordem de desmascarar Chico. Resolveram, então, fingir que eram americanos. Acabaram por convencer Chico a conceder-lhes algumas palavras. No final da entrevista, o médium disse:

– Emmanuel quer que eu autografe uns livros para os senhores.

Quando os dois voltaram para o Rio de Janeiro, David Nasser exultava feliz por terem conseguido enganar o grande médium, provando, assim, que ele era uma fraude. Jean Manzon, porém, que já havia aberto o livro que Chico lhes entregara, lhe comunicou:

– Não enganamos ninguém. Leia a dedicatória.

Os dois livros eram dedicados a David Nasser e a Jean Manzon, com o autógrafo do Chico. Muitos anos depois, David Nasser, na televisão, dizia-se arrependido por ter tratado daquela maneira o maior médium do Brasil. A revista *O Cruzeiro* não conseguiu destruir o Espiritismo nem a respeitabilidade de Chico Xavier. Ocorreu exatamente o contrário: anos depois, a revista desmoronou, e, não apenas ela, mas todo o imenso império jornalístico dos *Diários Associados*.

Francisco Cândido Xavier desencarnou no domingo, 30 de junho de 2002, por volta das 19h30, vítima de parada cardíaca, em sua casa, em Uberaba. Após ter solicitado a uma dedicada auxiliar que o barbeasse, esta lhe disse que o enfermeiro só estaria de volta no dia seguinte, e, então, como de hábito, a barba lhe seria feita. E Chico alegou que, na segunda-feira, "não daria tempo". Então, se acomodou em seu leito e dizendo que "não ficaria mais", postou as duas mãos em habitual atitude de prece e, dali a pouco, em posição de repouso, simplesmente parou de respirar. Morreu como queria, com todo o Brasil feliz, festejando o pentacampeonato mundial de futebol. Segundo o testemunho de pessoas idôneas que lhe acompanharam os últimos instantes no corpo físico, Chico, desde o sábado, já pressentia seu desencarne, tendo comparecido, à tarde, a uma reunião no "Abacateiro" e, à noite, a outra, no "Grupo Espírita da Prece". Em ambas as oportunidades, ele disse que estava se sentindo muito feliz e que as coisas, finalmente, haviam se resolvido. Era como uma despedida de tudo e de todos... Demorou-se em contemplar o ambiente que se deparava diante dele, como se quisesse fixar no espírito aqueles derradeiros quadros de sua abençoada passagem pela terra.[25]

---

25. Idem.

Combater a causa

"É mais do que sabido que muitos tipos de bactérias e vírus associados a doenças estão presentes em indivíduos saudáveis sem causar-lhes nenhum dano."

Desde a criação do planeta Terra, a bactéria existe, mas somente no século XV, com o desenvolvimento dos microscópios, descobriu-se sua existência. Todo o conhecimento médico de então se transformou. E é exatamente isso o que está acontecendo nos últimos trinta anos, com a constatação de que os sentimentos são responsáveis por nossa saúde ou por nossa doença. Apesar da mediunidade de Chico Xavier e da Doutrina Espírita dizer que todas as doenças, absolutamente todas, começam e terminam no espírito, ainda muitos cristãos têm dificuldades em aceitar essa verdade. Hoje, até mesmo a medicina tradicional já começa a aceitar esses conceitos. A homeopatia, desde seus primórdios, diz algo como: "Não existem doenças e sim doentes" ou "Não se está doente porque se têm bactérias, têm-se bactérias porque se está doente."

O progresso nessa área é tão grande que já existe uma nova ciência, a Psiconeuroimunologia (P.N.I), demonstrando o funcionamento sistêmico do ser quanto às mais íntimas relações entre o cérebro, os sentimentos e o sistema imunológico. A reciprocidade entre os sistemas nervoso central, endócrino e imunológico estimula o desenvolvimento dessa nova e interessante área médica.[26] O mais interessante é que esse conhecimento científico está em nosso poder desde os tempos de Jesus. Só após dois mil anos é que a Ciência se aproxima de mais essa verdade cristã. O Espírito Bezerra de Menezes, no 1º Congresso Espírita Internacional, realizado pela Federação Espírita Brasileira, em Brasília, na década de 1990, afirmou, categoricamente: "O Evangelho é uma ciência." Jesus chega a nos dizer, em Lucas 6:45, que: "O homem de bem tira o bem do tesouro de bondade que é o seu coração; e o mau tira o mal de seu fundo ruim, pois fala a boca do que está cheio o coração..." Sendo assim, os sentimentos comandam nossas vidas e revestem nossos pensamentos, gerando todas as consequências, tanto positivas como negativas. Os sentimentos saudáveis, como o amor, o afeto, a bondade e a generosidade, fazem com que o corpo humano produza quantidades ideais de endorfina, metaendorfina e encefalina, hormônios responsáveis pela sensação de bem-estar que sentimos ao vivenciarmos tais emoções.

---

26. LOPES, W.; MAGAVITA, M. *Evangelho e Saúde*. São Paulo: Editora Mercúrio.

Esses sentimentos fazem com que nossas defesas imunológicas sejam reforçadas, levando o organismo a atacar rapidamente os vírus e as bactérias. Já os sentimentos doentios como o orgulho, o egoísmo, o medo, a inveja e a raiva ocasionam nossas enfermidades, pois fazem mais fracas nossas defesas imunológicas. A fé, a esperança e as preces, tão ensinadas por Jesus, têm um efeito salutar sobre nossa saúde, provocando o equilíbrio dos sistemas nervoso e endócrino, evitando, assim, os estados depressivos. Cada um vive em faixa vibratória compatível com seus pensamentos. Desse modo – pela sintonia vibratória –, entende-se por que determinadas pessoas desenvolvem certos tipos de doenças e outras não, apesar de se encontrarem, eventualmente, expostas ao mesmo tipo de agente infecto-contagioso, vírus ou bactéria. A instalação da doença, portanto, depende da nossa atitude mental. A enfermidade é um aviso de que existe algo em desacerto no organismo físico ou psíquico; portanto, nós podemos ser nossos melhores médicos. A excessiva ênfase nos vírus e nas bactérias criou a ideia de que a doença é a consequência de um ataque vindo do exterior, em vez de um distúrbio do próprio organismo.

É mais do que sabido que muitos tipos de bactérias e vírus associados a doenças estão presentes em indivíduos saudáveis sem causar-lhes qualquer dano. Somente em circunstâncias especiais, quando diminuem a resistência geral do organismo, é que eles produzem sintomas patológicos. O câncer não foge a essa regra. Estudos evidenciam que o câncer pode ser ocasionado por desarmonias emocionais. Raivas armazenadas desde a infância podem desencadear tumores malignos na vida adulta. Estudos realizados com pacientes portadores desses tumores constataram haver relação entre o surgimento de células cancerosas com situações de perdas significativas e depressões.[27]

Infelizmente, o atendimento médico tradicional objetiva curar doenças, em vez de curar o corpo. Na sua quase totalidade, os médicos, por sua formação profissional, miram suas ações mais na eliminação da doença do que propriamente nas razões que a motivaram. Por isso, a tendência da maioria dos profissionais de saúde é não observar o paciente como um ser físico e emocional, mas dividido em peças separadas de uma máquina. A frequência da ida aos médicos e a utilização de remédios serão reduzidas à medida que entendermos que o Evangelho é uma Ciência, como afirmou nosso querido Bezerra de Menezes, no 1º Congresso Espírita Internacional, em Brasília. Que possamos entender que, em se tratando de doenças, o principal é combater as causas e não apenas seus efeitos. Alexandre Rangel, em seu livro *As mais belas parábolas de todos os tempos*, nos conta uma interessante historieta sobre essa questão:

"Sentados à beira do rio, dois pescadores conversavam à espera dos peixes. De repente, gritos de crianças trincaram o silêncio. Ambos se assustaram, olharam para frente, olharam para trás... Os gritos continuavam e.... nada. Veem, então, que a correnteza trazia duas crianças pedindo socorro. Os pescadores pulam na água. Só conseguem salvá-las à custa de

---

27. LOPES, W. *Os médicos curam as doenças, mas não curam o corpo*. Disponível em: www.espiritismocristão.blogspot.com.

grande esforço. Escutam mais berros quando estão prestes a sair do rio. Percebem quatro crianças debatendo-se. Só conseguem resgatar duas e sentem, além de cansaço, a frustração pela perda. Não refeitos, ofegantes, exaustos, escutam uma gritaria ainda maior. Dessa vez, oito pequenos são trazidos pela correnteza. Um dos homens pula na água e o outro vira-se e ruma para a estrada que acompanha a subida do rio. O amigo que pulou na água grita:

– Você enlouqueceu? Não vai me ajudar?

Sem parar o passo, o outro responde:

– Tente fazer o que puder. Vou verificar por que as crianças estão caindo no rio."

Grande e sábia foi a decisão do pescador de ir verificar a causa de tantas crianças se debatendo no rio. Conhecida a causa, certamente os efeitos cessariam e não haveria mais crianças para salvar. Procuremos também as causas de nossas enfermidades e seremos mais felizes e menos doentes. O espírito Emmanuel, em uma página de muita sabedoria intitulada "Estás Doente?", nos esclarece, dizendo:

"Todas as criaturas humanas adoecem, todavia, são raros os que cogitam da cura real. Se te encontras enfermo, não acredites que a ação medicamentosa, pela boca ou pelos poros, possa te restaurar integralmente. O comprimido ajuda, a injeção melhora, entretanto, nunca te esqueças de que os verdadeiros males provêm do coração... De que vale a medicação exterior, se prossegues triste, acabrunhado ou insubmisso?...

Como regenerar a saúde se perdes longas horas na posição da cólera ou do desânimo?... E que falar da maledicência ou da inutilidade, com as quais despendes tempo valioso e longo em conversação infrutífera, extinguindo as tuas forças?... Qual gênio milagroso te doará o equilíbrio orgânico se não sabes calar nem desculpar, se não ajudas nem compreendes, se não te humilhas para os desígnios superiores nem procuras harmonia com os homens?... Se estás doente, meu amigo, acima de qualquer medicação, aprende a orar e a entender, a auxiliar e a preparar o coração para a grande mudança... Guarda lealdade ao ideal superior que te ilumina o coração e permanece convicto de que, se cultivas a oração da fé viva em teus passos, aqui ou além, o Senhor te levantará..."[28]

---

28. XAVIER, F. C. *Estás Doente?* Lição 86. Fonte Viva. Espírito Emmanuel. 36. ed. Brasília: Federação Espírita Brasileira, 2007.

Doação

"É mais importante dar daquilo que temos do que daquilo que detemos."

Preocupamo-nos muito em ter. Ter isso, ter aquilo, comprar isso, comprar aquilo. Os anos passam e, quando nos damos conta, esquecemos do mais importante da vida: viver e ser feliz.

Nossa destinação é sermos felizes, e, para alcançarmos a felicidade, não é bastante realizarmos grandes obras. Para sermos felizes, temos de nos habituar a servir. Só pode amar quem está realmente disposto a servir.

Temos milhares de maneiras de ajudar nossos semelhantes. Se estivermos dispostos e comprometidos a auxiliar alguém, nossas oportunidades de serviço serão infinitas.

Servir não é realizar grandes obras; é, sobretudo, praticar atos pequenos, discretos, que acabam nos fazendo muito bem.

Uma historieta que ilustra essa ideia é a do cego que estava sentado em uma esquina em Paris, pedindo esmolas, com um boné aos seus pés e com uma tabuleta escrita a giz com os seguintes dizeres:[29]

– Por favor, ajudem-me! Sou cego. Passando por ali, um publicitário quis ajudar aquele pobre homem com os seus conhecimentos. Pegou, então, a tabuleta, apagou os dizeres e escreveu o anúncio:

– Hoje é primavera em Paris e eu não posso vê-la!

No mesmo dia, à tarde, o publicitário passou pelo mesmo local e notou que o boné do cego estava cheio de moedas. O pedinte reconheceu seus passos e, muito agradecido, lhe perguntou o que ele havia feito para que as coisas mudassem tanto. O publicitário então lhe disse que havia apenas mudado o anúncio dentro do mesmo pensamento anterior, só que com outras palavras.

Que bonita e criativa atitude do publicitário que preferiu, em vez de colaborar com uma moedinha, encher o boné do pobre pedinte com sua arte profissional. Se estivermos comprometidos com o bem, mil oportunidades de ajuda surgirão em nossas vidas, sem que precisemos utilizar meios materiais para concretizá-las.

A criatura que tem prazer em servir anda pelo mundo procurando oportunidades de ajudar seu irmão e encontra sempre mil recursos dentro de si mesma para amparar todos aqueles que cruzam seu caminho. Sabe que quanto mais ajudar, mais será ajudado.

---

29. RANGEL, A. *As mais belas parábolas de todos os tempos*. Belo Horizonte: Editora Leitura, 2005.

O espírito Emmanuel diz: "Aprendiz do Evangelho que não improvisa a alegria de auxiliar os semelhantes permanece muito longe do verdadeiro discipulado, porquanto companheiro fiel da Boa Nova está informado de que Jesus veio para servir, e desvela-se, a benefício de todos, até o fim da luta. Se há mais alegria em dar que em receber, há mais felicidade em servir do que em ser servido..."[30]

Quem não se lembra da página intitulada "Infortúnios Ocultos", inserida no *Evangelho segundo o Espiritismo*[31], quando uma senhora rica e ar distinto se propõe ao lado de sua filha a ajudar uma pobre família. Graças a ela, aquela família não teria mais fome, nem frio.

Por que usava um traje tão simples? É que não queria, com o seu luxo, agredir a miséria daquelas pessoas. Por que trouxe a filha em sua companhia? Para lhe ensinar como se deve praticar a beneficência. A menina também queria fazer a caridade, mas a mãe lhe disse: "O que podes dar, minha filha, se nada tens de teu? Se eu te entregar alguma coisa para que dês aos outros, qual será o teu mérito? Na verdade, eu é que farei a caridade, e tu terás o mérito. Isso não é justo... Nada é mais simples, aprenda a fazer obras úteis..."

Às vezes, o que está faltando em nossas vidas é uma questão do detalhe de como estamos trabalhando o nosso interior. Não precisamos de dinheiro para fazer o bem. Ajudamos

---

30. XAVIER, F. C. Aproveita. Lição 71. Fonte Viva. Espírito Emmanuel. 36. ed. Rio de Janeiro: Federação Espírita Brasileira, 2007.

31. KARDEC, A. *O Evangelho segundo o Espiritismo*. São Paulo: Petit Editora, 2010.

muito apenas com o detalhe da boa vontade. É mais importante dar daquilo que temos do que dar daquilo que detemos.

A caridade abrange todas as situações nas quais nos encontramos perante os semelhantes, estejam eles socialmente aquém, igual ou acima de nossa posição. A expressão mais completa da caridade é fazer aos outros o que gostaríamos que os outros nos fizessem, usando de bondade e benevolência para com todos e de indulgência para com as imperfeições alheias.

Aproveitemos, pois, a gloriosa oportunidade de entendimento que já temos e ajudemos a todos aqueles que cruzam nossos caminhos. O nosso próximo é a nossa ponte de ligação com a divindade.

Eu sou médium?

"Assim como mediunidade alguma
é superior a outra, nenhum médium é
mais importante do que o outro."
C.A. Bacceli | Odilon Fernandes

Por intermédio da imprensa espírita, descobri que o grande escritor, jornalista e expositor Herculano Pires (1914–1979), momentos após o seu desencarne, manifestou-se mediunicamente, despedindo-se de amigos e familiares. A ocorrência, bastante rara, despertou meu interesse. Durante um congresso espírita, o destino me colocou ao lado de Heloísa Pires, a filha de Herculano. Motivado pela curiosidade, lhe perguntei sobre a mensagem. Heloísa me contou que seu pai estava enfermo, acamado em seu lar. No dia de sua desencarnação, durante uma reunião familiar, um amigo da família recebeu mensagem assinada por Herculano Pires, na qual ele se despedia dos familiares e amigos. Diante do inusitado da situação, todos se dirigiram para o quarto onde se encontrava o enfermo. Constataram, surpresos e emocionados, que realmente Herculano desencarnara há poucos instantes. Antes de retornar à verdadeira pátria, o mundo dos espíritos, o escritor comunicou-se, informando a todos de sua nova condição.

Graças ao preparo espiritual de uma existência, durante a qual não poupou esforços para divulgar o Espiritismo, ele mesmo um exemplo de conduta, momentos após sua desencarnação, Herculano Pires manifestou-se, mediunicamente, despediu-se de sua família e ainda foi capaz de consolar e transmitir confiança àqueles que o cercavam!

Um dos objetivos da mediunidade é despertar nos incrédulos a certeza da imortalidade da alma. Entretanto, nesses momentos, é necessário guardar nossos elogios, já que, às vezes, revelações como essas podem despertar sentimentos de orgulho e vaidade desnecessários ao médium. É preciso convir também que o orgulho, frequentemente, é estimulado no médium por pessoas que o cercam e que lhe cobrem de elogios que deveriam ser totalmente dispensados. É indispensável que nos lembremos de que o bom médium é o bom cristão. E seus maiores inimigos são, sem dúvida, o personalismo, a ambição, a ignorância e a rebeldia. Jesus sempre combateu as ameaças de adoração à sua Personalidade Sublime. Quando foi chamado de bom, não aceitou o adjetivo dizendo: "Bom é o Pai."[32] Quando recebeu o elogio de uma mulher que, exaltando suas qualidades, lhe dizia: "Ditoso é o seio que te amamentou"[33], Jesus não aceitou os elogios da mulher, dizendo: "Ditosos são aqueles que ouvem

---

32. Marcos, 10: 17-18.
33. Lucas 11: 27-2.

a mensagem de meu Pai que está nos Céus e a vivenciam." Em sua entrada em Jerusalém, quando todos os saudavam efusivamente, Ele se manteve passivo, sereno e em silêncio, evidenciando, assim, a grandeza de seu espírito elevado.

É bem conhecida a lição intitulada "O Decálogo da Mediunidade", do espírito Odilon Fernandes, que diz:[34]

1. Rende culto ao dever.
Não há fé construtiva em que falta respeito ao cumprimento das próprias obrigações.

2. Trabalha espontaneamente.
A mediunidade é um arado divino que o óxido da preguiça enferruja e destrói.

3. Não te creias maior ou menor.
Como as árvores frutíferas, espalhadas no solo, cada talento mediúnico tem a sua utilidade e a sua expressão.

4. Não esperes recompensas no mundo.
As dádivas do Senhor, como sejam o fulgor das estrelas e a carícia da fonte, o lume da prece e a benção da coragem, não têm preço na Terra.

5. Não centralizes a ação.
Todos os companheiros são chamados a cooperar no conjunto das boas obras, a fim de que se elejam à posição de escolhidos para tarefas mais altas.

6. Não te encarceres na dúvida.
Todo bem, muito antes de externar-se por intermédio desse ou daquele intérprete da verdade, procede, originariamente, de Deus.

---

34. BACELLI, C.A. Anuário Espírita Pelo Espírito Odilon Fernandes. 1992.

7. Estuda sempre.
A luz do conhecimento armar-te-á o espírito contra as armadilhas da ignorância.

8. Não te irrites.
Cultiva a caridade e a brandura, a compreensão e a tolerância, porque os mensageiros do amor encontram dificuldade enorme para se exprimir com segurança através de um coração conservado em vinagre.

9. Desculpa incessantemente.
O ácido da crítica não te piora a realidade, a praga do elogio não te altera o modo justo de ser, e, ainda mesmo que te categorizem à conta de mistificador ou embusteiro, esquece a ofensa com que te espanquem o rosto, e, guardando o tesouro da consciência limpa, segue adiante, na certeza de que cada criatura percebe a vida do ponto de vista em que se coloca.

10. Não temas perseguidores.
Lembra-te da humildade do Cristo e recorda que, ainda Ele, anjo em forma de homem, estava cercado de adversários gratuitos e de verdugos cruéis, quando escreveu na cruz, com suor e lágrimas, o divino poema da eterna ressurreição.

Pela mediunidade sublime de Francisco Cândido Xavier, o espírito Emmanuel faz considerações importantes sobre os médiuns e a mediunidade:

"Os médiuns, em sua generalidade, não são missionários na acepção comum do termo. São almas que fracassaram, desastradamente, que contrariaram sobremaneira o curso das Leis Divinas e que resgatam, sob o peso de severos compromissos e ilimitadas responsabilidades, o passado obscuro e delituoso... Quase sempre são espíritos que tombaram dos cumes sociais pelo abuso do poder, da autoridade, da fortuna, da inteligência e que regressam ao orbe terráqueo para se sacrificarem em favor de grande número de almas que desviaram das sendas luminosas da fé, da caridade e da virtude..."[35]

Como notamos pelas palavras do espírito Emmanuel, os médiuns, em sua quase totalidade, são criaturas que fracassaram desastradamente em precedentes encarnações por abuso de poder, de autoridade, por acúmulo de bens materiais e tantos outros equívocos. Por isso, devemos sempre evitar os elogios, pois espíritos ainda carentes que são, podem se endeusar pelas lisonjas e, pela vaidade, prejudicar seu compromisso mediúnico. O Espiritismo oferece regras normativas para o bom exercício da mediunidade, tornando-a fonte de luz e esclarecimento.

Sob o ponto de vista do mecanismo da comunicação, a mediunidade, em si mesma, não depende do fator moral. Podemos ter médiuns de capacidade mecânica boa sem serem bons médiuns. O bom médium é sempre o bom cristão. O fator moral é indispensável. Médiuns evangelizados contam com o amparo de Espíritos superiores. Martins Peralva nos esclarece: "O médium moralizado terá a vida de um homem de

---

35. XAVIER, F.C. *Emmanuel*. Espírito Emmanuel. 14. ed. Rio de Janeiro: FEB. cap. 11, p.66.

bem. Será humilde, sincero, paciente, perseverante, bondoso, estudioso, trabalhador, desinteressado... O exercício mediúnico deve ser realizado com amor. A mediunidade é missão sagrada no auxílio ao próximo, em nome de Jesus... Com o auxílio da Doutrina Espírita, o médium educar-se-á para vigiar as próprias comunicações e aplicar sua faculdade para o bem de todos... As tarefas mediúnicas pedem assiduidade, pontualidade, fidelidade a Jesus e a Kardec... Os benfeitores espirituais estudam sempre, para se tornarem mais úteis no esclarecimento e no consolo. Nós, encarnados, devemos também estudar e servir, a fim de que a mediunidade não seja fenômeno sem amor e sem esclarecimento, mas garantia de triunfo com Jesus e Kardec."

Entretanto, a missão mediúnica, se tem os seus percalços e as suas lutas dolorosas, é uma das mais belas oportunidades de progresso e de redenção concedida por Deus aos homens. O espírito Emmanuel, em 21 de outubro de 1956, em Pedro Leopoldo, ditou ao médium Francisco Cândido Xavier o seguinte esclarecimento:

"Sim, meu amigo, observa a cachoeira que surge aos teus olhos.

É um espetáculo de beleza, guardando imensos potenciais de energia.

Revela a glória da Natureza.

Destaca-se pela imponência e impressiona pelo ruído.

Entretanto, para que se faça alicerce de benefícios mais amplos, é indispensável que a engenharia compareça, disciplinando-lhe a força.

É então que aparece a usina generosa, sustentando a indústria, estendendo o trabalho, inspirando a cultura e garantindo o progresso.

Assim também é a mediunidade.

Como a queda-dágua, pode nascer em qualquer parte.

Não é patrimônio exclusivo de um grupo, nem privilégio de alguém.

Desponta aqui e ali, adiante e acolá, guardando consigo revelações convincentes e possibilidades assombrosas.

Contudo, para que se converta em manancial de auxilio perene, é imprescindível que a Doutrina Espírita lhe clareie as manifestações e lhe governe os impulsos.

Só então se erige em fonte contínua de ensinamento e socorro, consolação e benção.

Estudemo-la, pois, sob as diretrizes kardequianas que nos traçam seguro caminho para o Cristo de Deus, através da revivescência do Evangelho simples e puro, a fim de que a mediunidade e médiuns se coloquem, realmente, a serviço da sublimação espiritual".

Experiência de Quase Morte (EQM)

"Um homem que 'morreu' depois de ser ferido no Vietnã diz que quando foi atingido sentiu 'uma grande sensação de alívio'. Não houve dor e nunca me senti tão relaxado. Tudo era tranquilidade e era bom." Raymond Moody

Morrer talvez seja o maior medo de ser humano e o acontecimento mais certo de todos. Mais cedo ou mais tarde, ela, a morte, baterá em nossa porta. O Espiritismo nos ensina que não devemos temer a morte do corpo, mas nos preparar para, um dia, enfrentá-la. E, quando chegar a hora, partir sem medo rumo ao novo mundo que nos aguarda.

Algumas pessoas experimentam a sensação da morte muito antes de seu desencarne e relatam, de forma muito verdadeira, o que viram e o que encontraram do lado de lá. A Experiência de Quase Morte, popularmente conhecida como EQM, é uma projeção da consciência, de forma compulsória

SERGITO DE SOUZA CAVALCANTI

e descontrolada, quando o indivíduo passa por situações que o deixam próximo ao desencarne. Muito comum em pacientes terminais, vítimas de acidentes e de paradas cardíacas, entre outros casos médicos complicados.[36]

O primeiro estudioso do fenômeno foi o psiquiatra americano Dr. Raymond Moody Jr., de religião metodista. Escreveu um livro na década de 1970 que se tornou um campeão de vendas: *Vida depois da vida*. O livro é uma pesquisa séria e impressionante sobre o fenômeno da sobrevivência à morte física, com dramáticas experiências reais de pessoas declaradas clinicamente "mortas". Relatos tão semelhantes, tão reais, tão esmagadoramente positivos, que têm mudado a visão da humanidade sobre a vida, a morte e a sobrevivência do espírito.

"Um homem está morrendo e, quando chega ao ponto de maior aflição física, ouve seu médico declará-lo morto. Começa a ouvir um zumbido alto ou um toque de campainhas e, ao mesmo tempo, sente que está se movendo muito rapidamente através de um túnel longo e escuro. Depois disso, encontra-se repentinamente fora de seu corpo físico, mas ainda na vizinhança imediata do ambiente físico, e vê seu próprio corpo a distância, como se fosse um espectador. Assiste às tentativas de ressurreição desse ponto de vista inusitado, em um estado de perturbação emocional. Depois de algum tempo, acalma-se e vai se acostumando à sua

---

36. MOODY, Jr. R. A. *A vida depois da vida*. 1. ed. São Paulo: Butterfly Editora, 2004.

estranha condição. Observa que ainda tem um "corpo", mas um corpo de natureza muito diferente e com capacidades muito distintas das do corpo físico que deixou para trás. Logo outras coisas começam a acontecer. Outros vêm ao seu encontro e o ajudam. Vê, de relance, os espíritos de parentes e amigos que já morreram e aparece diante dele um caloroso espírito, de uma espécie que nunca tinha encontrado antes; era um espírito de luz. Este ser lhe pede, sem usar palavras, que reexamine sua vida. Em algum ponto encontra-se chegando perto de uma espécie de barreira ou fronteira, representando, aparentemente, o limite entre a vida terrena e a vida seguinte.

No entanto, descobre que precisa voltar para a Terra, que o momento de sua morte ainda não chegou. A essa altura oferece resistência, pois está agora tomado por suas experiências no após-vida e não quer voltar. Está agora inundado de sentimentos de alegria, amor e paz. Apesar dessa atitude, porém, de algum modo, se reúne ao seu corpo físico e vive. Mais tarde, tenta contar o acontecido a outras pessoas, mas tem dificuldades de fazê-lo. Em primeiro lugar, não consegue encontrar palavras humanas adequadas para descrever os episódios não terrenos. Descobre também que os outros caçoam dele e, então, para de dizer tais coisas. Ainda assim, a experiência afeta profundamente sua vida, especialmente suas opiniões sobre a morte e as relações dela com a vida."[37]

---

37. Idem.

Segundo os estudos, as experiências de quase morte têm características similares, independentemente da formação cultural, intelectual ou da situação econômica dos pacientes. Independem, até mesmo, da idade, pois há casos específicos de ocorrências com crianças. Pesquisas recentes com pacientes totalmente cegos têm demonstrado que também eles percebem, neste estado de quase morte, tudo como se possuíssem visão normal. As experiências de quase morte iniciam-se sempre com acidentes cardiovasculares, afogamentos, choques elétricos, complicações anestésicas em cirurgias, atropelamentos etc. Os pacientes trazem todos os sintomas de morte clínica. Ao mesmo tempo em que médicos, familiares e amigos estão fazendo de tudo para socorrer as vítimas, estas flutuam sobre o seu corpo físico, acompanham os acontecimentos e percebem que possuem outro corpo diáfano, transparente, e que sua consciência acompanha esse novo corpo, de natureza espiritual.

Têm uma sensação interior de paz, às vezes ouvem ruídos ou assistem ao desenrolar de suas vidas como em um filme rodado em incrível velocidade, de modo que nenhum fato se perca, até os mais banais.[38]

Mas nem sempre as experiências vividas são agradáveis e prazerosas para os pacientes que passaram pela EQM. Alguns se veem perdidos e cercados por sensações muito ruins. Outros afirmam ver espíritos em formas monstruosas

---

38. CARVALHO FILHO, A.C. *Experiência de quase morte*: uma evidência científica da realidade do espírito. Disponível em: Portal do Espírito Internet. Acesso em: 10/8/2010.

e assustadoras, tentando intimidá-los e amedrontá-los. Nesse caso, os pacientes relatam sensações de medo, angústia e solidão. Podemos entender a EQM como um desdobramento do espírito que, fragilizado fisicamente, se vê desprendido do corpo físico, podendo entrar em contato direto com o plano espiritual que o rodeia. As experiências boas ou ruins que ele viverá dependerão exclusivamente de seu padrão vibracional. Quando se fala de visitas de entes desencarnados, estas realmente podem ocorrer, o que é muito natural, como também é comum a visita de perseguidores espirituais na hora do desencarne de seus desafetos. Dr. Raymond Moody relata muitas dessas experiências. Uma que muito me chamou a atenção foi a seguinte:

"Há cerca de um ano fui internada no hospital com um problema no coração e, na manhã seguinte, deitada na cama do hospital, comecei a sentir uma dor aguda no peito. Toquei a campainha ao lado da cama para chamar as enfermeiras e elas vieram e começaram a cuidar de mim. Eu estava me sentindo desconfortável deitada de costas e por isso me virei de bruços e, assim que me virei, parei de respirar e meu coração parou de bater. Aí ouvi as enfermeiras gritarem "código rosa!", "código rosa!". Enquanto elas estavam dizendo isso, eu me senti movendo para fora de meu corpo, escorregando por entre o colchão e a borda da cama; na verdade, parecia que eu estava escorregando da borda até o chão. Depois comecei a vir para cima, bem devagar. Enquanto ia subindo, vi mais enfermeiras entrarem correndo no quarto; devia ter uma dúzia delas. Meu médico estava no hospital fazendo sua ronda de visitas e elas o chamaram e o vi entrar também. Pensei: 'não posso imaginar o que ele está fazendo aqui.' Continuei flutuando para cima até passar o lustre; via o lustre, de lado, e com toda a nitidez, e aí parei, flutuando logo sob o teto e olhando para baixo. Sentia-me como se fosse um pedacinho de papel que alguém tivesse soprado até o teto. Assisti me ressuscitarem lá de cima! Meu corpo estava deitado lá embaixo, esticado na cama, bem à vista, e todos eles estavam em volta. Ouvi uma enfermeira dizer: 'Meu Deus! Ela se foi!', enquanto outra se abaixou para me ressuscitar fazendo respiração boca a boca. Eu estava olhando para a sua nuca enquanto ela fazia isso. Nunca me esquecerei de como era o cabelo dela, cortado curto, meio rente. Bem, aí os vi rolarem para o quarto aquela máquina e colocarem eletrodos no meio do meu peito. Quando me deram o choque, vi todo o meu corpo pular na cama e ouvi todos os ossos do meu corpo estalarem. Foi a coisa mais terrível! Enquanto eu os via bater no meu peito e esfregar meus braços e pernas lá embaixo, pensava: 'Por que estão tendo tanto trabalho? Estou tão bem agora.'"

Os estudos e as experiências de EQM prosseguem, investigados pela ciência, que, aos poucos, vai demonstrando a grandeza da vida imortal.

O EFEITO BUMERANGUE

"A prática do bem é o amor em ação a exprimir-se no exercício da bondade."
Richard Simonetti

Os nossos estados de ânimo são sempre decorrentes da natureza de nossas ações. Se más, resultam em mal-estar; se boas, resultam em bem-estar. O bumerangue é um brinquedo australiano que pode simbolizar os efeitos consequenciais de nossas ações. Quanto mais força empreendemos em lançá-lo, mais rapidamente ele voltará às nossas mãos. É como o amor: quanto mais amor doarmos, mais amor receberemos. Entretanto, o mesmo acontece quando odiamos, pois o efeito bumerangue é o mesmo. Quanto mais odiarmos, mais receberemos a ação deletéria do ódio e do desamor nos destruindo intimamente. Essas leis consequenciais, de ação e reação, de retorno ou de carma, são imutáveis, e todos estamos sujeitos a elas. Assim, nossa infelicidade será sempre o reflexo de nosso egoísmo, desamor e maldade para com o nosso próximo, tanto quanto nossa felicidade advirá do nosso esforço em minorar o sofrimento de nossos irmãos. Na matemática da felicidade, quanto mais multiplicarmos boas ações, mais felizes seremos. Não são por mera coincidência que as pessoas mais felizes são aquelas que elegem o esforço no bem por objetivo de suas vidas. Um exemplo extraordinário dessa lei consequencial ou de retorno aconteceu com duas grandes personalidades mundiais.

"Um garoto nadava e, de repente, começa a se afogar. O filho do jardineiro de sua rica residência pula na água e salva o menino já desfalecido. O dono da casa quis recompensá-lo pelo feito, mas o jardineiro lhe respondeu que não se preocupasse, pois seu filho havia apenas cumprido o seu dever. Todavia, ante a insistência do patrão, o empregado lhe disse que o sonho de seu filho, desde criança, era ser médico. Imediatamente, foram tomadas as providências e foram oferecidas ao garoto todas as condições para que ele se graduasse em Medicina. O garoto em questão se chamava Alexandre Fleming (1881–1955), o descobridor da penicilina. Mas a história não termina aqui. O menino salvo era nada mais, nada menos, que o inglês Winston Churchill (1874–1965), o grande líder inglês, na luta pela liberdade contra a Alemanha Nazista. A Inglaterra tremeu quando Churchill ficou gravemente enfermo, acometido por uma séria pneumonia. Quem o atendeu foi o próprio Fleming, que o curou com a aplicação da penicilina. Após a recuperação, o chanceler inglês comentou, bem-humorado:

– Não é sempre que alguém tem a oportunidade de agradecer ao mesmo homem por haver lhe salvo a vida duas vezes!"[39]

Pequenas sementes de boa vontade, no empenho de servir, produzem benefícios para muitas pessoas. Sementes de maldade, de maledicência, de desonestidade, de vício, resultam em transtornos para a vida social. Quando Jesus nasceu em Belém, os mensageiros espirituais o saudaram com a frase: "Glória a Deus nas alturas e paz na Terra aos homens de boa vontade". O homem de boa vontade é benção para si e para todos os que o rodeiam, pois o maior bem que podemos fazer a nós mesmos é fazer o bem a nossos semelhantes. Fazer o bem, sem esperar nenhuma recompensa. Aquele que serve com boa vontade, pelo prazer de ser útil, encontrará em si mil recursos de progresso e elevação. A grande verdade é que só seremos felizes se estivermos imbuídos dos propósitos de amar e servir. Quando o homem desperta para os reais valores da vida, ele sente maior prazer em dar do que em receber. Quem é realmente bom não se julga merecedor de algum prêmio somente por fazer o bem. Ele sabe que ser bom é ser feliz, pois ser feliz é consequência natural de ser bom.

Plantemos sementes de amor e bondade, sem nos preocuparmos com os resultados futuros. O beneficiado tem obrigação de ser grato, mas o benfeitor não tem o direito de esperar gratidão. É fácil entender o porquê: o amor é a lei

---

39. Momento espírita em vídeo. A Redescoberta de Deus. 1. ed. v.1. Federação Espírita do Paraná. 2009.

maior de Deus. Quando formos capazes de amar em plenitude, exercitando o amor universal, o amor por todos os filhos de Deus, estaremos plenamente integrados na obra da criação.

A prática do bem é o amor em ação a exprimir-se no exercício da bondade.

A VERDADE INTERIOR

"... comportai-vos honestamente em todas as coisas."
Hebreus, 13:18

O brasileiro Rui Barbosa, grande jurista e diplomata, notável escritor, além de extraordinário orador, deixou um escrito que nos faz refletir sobre a atual situação de nossa sociedade: "De tanto ver triunfar as nulidades, de tanto ver prosperar a desonra, de tanto ver crescer a injustiça, de tanto ver agigantarem-se os poderes nas mãos dos maus, o homem chega a desanimar da virtude, a rir-se da honra, a ter vergonha de ser honesto..."

A indignação de Rui Barbosa faz sentido e é digna de nossas reflexões. Pessoas sem personalidade, que se deixam levar pela opinião da maioria, facilmente se enveredam pelo terreno da desonestidade com a justificativa de que "todo mundo faz..." Convenhamos que, na fase evolutiva na qual nos encontramos, poucos são os homens que pautam suas vidas pelos padrões da moralidade e da ética cristã. Em um famoso programa de televisão brasileiro, um repórter simula uma situação: ao tirar seu celular do bolso, deixa cair, propositadamente, uma nota de cinquenta reais e, fingindo não perceber o fato, segue caminhando e falando ao celular. Vários transeuntes foram testados e quase a totalidade desses, mesmo percebendo que a nota havia caído do bolso do repórter, recolhe o dinheiro e se apropria, indevidamente, do mesmo. O pior ainda acontece depois, quando o mesmo repórter, agora de microfone em punho e fingindo desconhecer o fato citado anteriormente, se aproxima de cada uma das pessoas testadas e faz a seguinte pergunta: "O que você faria se presenciasse tal fato? Devolveria o dinheiro ao dono?" A grande maioria dos desonestos que embolsou a nota disse que certamente a devolveria ao seu dono, pois eram incapazes de ato tão desonesto e vergonhoso.

Infelizmente, tal comportamento ainda é bastante comum no planeta em que vivemos. Esquecemos que atos desonestos fazem com que nos sintamos envergonhados e diminuídos. Ser honesto é algo ligado à dignidade do ser humano; é algo ligado à moral e à ética.

É muito importante exercer a honestidade. No entanto, há situações nas quais não é o bastante apenas ser honesto, mas também parecer honesto. Vivi essa situação quando fui convidado para ocupar e coordenar um cargo público. Fui designado Diretor da Fazenda Experimental Prof. Hélio Barbosa, da Escola de Veterinária da Universidade Federal de Minas Gerais, na cidade mineira de Igarapé. Meu saudoso colega, o Prof. José de Alencar Carneiro Viana, então diretor da Escola de Veterinária, depois de me nomear ao cargo, solicitou minha presença em seu gabinete para algumas considerações. Entre sugestões e pedidos, me disse, por fim, que tinha certeza que eu seria honesto na realização de meu trabalho, mas desejava que, além de ser honesto, eu parecesse também honesto. A princípio, não entendi com clareza a colocação de meu superior. Entretanto, depois, refletindo melhor sobre o pedido do Prof. Viana, notei que havia muita sabedoria em sua fala. Parecer honesto era importante, pois, nesse caso, ser honesto e não ser organizado poderia nos trazer grandes contratempos. Como provar nossa honestidade sem comprová-la diante dos órgãos fiscalizadores? O fato citado nos fez relembrar um acontecimento relacionado com a formação de um Clube do Livro Espírita, que eu coordenava. Em determinado momento, eu tinha a certeza de ter repassado uma boa quantia em dinheiro para a tesoureira do Clube. No entanto, ela não se lembrava de haver recebido tal quantia. Para resguardar a credibilidade do Clube, preferi me calar e assumir o prejuízo. Além do mais, em virtude da pouca organização, não tínhamos como comprovar o repasse do dinheiro. Passados alguns dias, a tesoureira, criatura honestíssima, bastante sem graça, me comunicou que, refazendo melhor as contas, verificou que realmente eu havia lhe repassado a quantia. Se tivéssemos nos precipitado com julgamentos, aquela tarefa tão bonita talvez tivesse morrido no nascedouro.

Sejamos, pois, sempre honestos, mas também organizados, precavendo-nos, assim, de encontrar situações delicadas, que podem atrapalhar importantes tarefas espirituais. Há um ditado que diz: "Quem toma conta tem que prestar conta." Nos acostumemos, pois, a emitir e a exigir recibos de todos os bens materiais que estão, momentaneamente, sob nossa guarda. Ajamos sempre com muita lisura e organização. E por falar em honestidade e lisura, muitas vezes somos testados em ocasiões diversas com um troco dado a mais, uma carteira de dinheiro achada na rua, um objeto valioso encontrado em uma mesa, em um táxi, enfim, em mil e uma situações que exigem importante reflexão de nossa consciência. Quantas vezes somos induzidos à desonestidade no trânsito, quando maus policiais se utilizam de diversas artimanhas para nos levar a uma atitude corruptível de uma gorjetinha e, muitas vezes, se não aceitamos as insinuações, a punição se torna mais dura e inclemente. Entretanto, são nesses momentos que o verdadeiro cristão deve dar seu testemunho de fidelidade e coerência com os ensinamentos de Jesus. Ser corruptível é crime tão grave quanto o do corruptor. Este não existiria se não houvesse o homem corruptível. Ao homem comum um pequeno roubo não aflige tanto quanto ao homem que está interessado em sua reforma, em sua melhora interna. Ao homem espiritualizado o roubo de algumas poucas moedas equivale, espiritualmente, ao roubo de muitos milhões. Nossa consciência é o grande tribunal, no qual, invariavelmente, seremos bons juízes se pautarmos nossa vida pelos padrões da moralidade e da ética cristã. O que parece excesso de zelo ou de moralidade para o homem profano é fonte fundamental de paz para o verdadeiro cristão.

Um conto famoso sobre a honestidade, cujo título é "A Flor da Verdade"[40], diz o seguinte:

"Por volta do ano de 250 a.C., na China antiga, certo príncipe da região de Thug Zda, no norte do país, estava às vésperas

---

40. RANGEL, A. *As mais belas parábolas de todos os tempos*. A flor da verdade. Belo Horizonte: Editora Leitura, 2002. v.1, pp. 170-180.

de ser coroado imperador, mas, de acordo com a lei, era necessário que ele fosse casado para conseguir tal título. Sabendo disso, o futuro imperador resolveu realizar uma espécie de 'disputa' entre as moças solteiras da corte, encontrando, assim, aquela que seria digna de reinar ao seu lado. No dia seguinte, o príncipe anunciou que receberia, em uma celebração especial, as pretendentes ao cargo, e lhes lançaria um desafio. Uma idosa senhora, serva do palácio há muitos anos, ouvindo os comentários sobre os preparativos, sentiu uma leve tristeza, pois sabia que sua jovem filha nutria profundo sentimento de amor pelo príncipe. Ao chegar em casa e relatar o fato à jovem, espantou-se ao ouvir desta sua vontade de participar da celebração. Sendo assim, indagou-lhe, incrédula:

– Minha filha, o que acha que fará lá? Estarão presentes todas as mais belas e ricas moças solteiras da corte. Tire essa ideia insensata da cabeça. Sei que você deve estar sofrendo, mas não cometa tal loucura.

A filha respondeu:

– Não, querida mãe, não estou sofrendo e, muito menos, louca. Sei que jamais serei a escolhida do príncipe, mas essa é minha oportunidade de ficar ao menos alguns momentos perto dele. Isso já me torna feliz, pois sei que meu destino é outro.

À noite, a jovem chegou ao palácio. Lá estavam, de fato, todas as mais belas moças com as mais lindas roupas, com as joias mais valiosas e com as mais determinadas intenções.

Então, finalmente, o príncipe anunciou o desafio:

– Darei a cada uma de vocês uma semente. Aquela que, dentro de seis meses, me trouxer a mais bela flor, será minha esposa e futura imperatriz da China. A proposta do príncipe não fugiu às profundas tradições daquele povo, que valoriza muito a especialidade de cultivar sejam flores, amizades, relacionamentos... O tempo passou e a doce jovem, que não tinha muita habilidade com a jardinagem, tentou compensar esse fato cuidando com muita paciência e ternura daquela semente, pois sabia que, se a beleza dessa flor surgisse na mesma extensão de seu amor, ela não precisaria se preocupar com o resultado. Passaram-se três meses e nada surgiu daquela semente. A jovem tentava de tudo, usava todos os métodos que conhecia e, dia a dia, via seu sonho ficar cada vez mais distante.

Por fim, se passaram os seis meses e ela nada havia cultivado. Consciente de seu esforço e de sua dedicação, comunicou à sua mãe que, independentemente das circunstâncias, retornaria ao palácio na data e hora marcada pelo príncipe, somente para desfrutar de mais alguns momentos ao seu lado. Na hora combinada, lá estava ela, com seu vaso vazio.

Cada uma das outras pretendentes levava vasos com flores belíssimas, de todas as mais variadas cores e formatos. Ela estava totalmente absorta, pois nunca havia estado perto de espécimes de tão espetacular beleza...

A chegada do príncipe a tirou do estado embriagado no qual se encontrava e percebeu que este passara a caminhar pelo salão, observando com muito cuidado e atenção cada pretendente e cada vaso de flor. Depois de passar em uma por uma, ele anunciou o resultado, indicando a doce jovem do vaso vazio como sua futura esposa. As reações dos presentes foram as mais inusitadas possíveis. Ninguém compreendia por que

ACREDITAR E AGIR

ele havia escolhido, justamente, a única moça que nada havia cultivado. Então, calmamente, o príncipe esclareceu:

– Esta jovem foi a única que cultivou a flor que a torna digna de se tornar a futura imperatriz: a flor da honestidade, já que todas as sementes entregues eram estéreis."

O príncipe chinês foi sábio ao optar pela beleza interior. Honestidade, fidelidade e sinceridade são valores da alma imortal. A beleza do corpo é efêmera e passageira como a beleza das flores, que, bonitas e viçosas pela manhã, já se encontram, na maioria das vezes, murchas à tarde.

Ao terminar a leitura deste livro, talvez você tenha ficado com algumas dúvidas e perguntas a fazer, o que é um bom sinal. Sinal de que está em busca de explicações para a vida. Todas as respostas que você precisa estão nas Obras Básicas de Allan Kardec.

Se você gostou deste livro, o que acha de fazer com que outras pessoas venham a conhecê-lo também? Poderia comentá-lo com aquelas do seu relacionamento, dar de presente a alguém que talvez esteja precisando ou até mesmo emprestar àquele que não tem condições de comprá-lo. O importante é a divulgação da boa leitura, principalmente a da literatura espírita. Entre nessa corrente!

Do Espírito Antônio Carlos, psicografado pela médium Vera Lúcia Marinzeck de Carvalho

Impossível é ser indiferente!

O Ateu, como Jean Marie é conhecido na intimidade, reserva-se o direito de não apenas descrer do Criador, mas também de influenciar os outros com seus escritos. Escreve livros onde expõe sua absoluta descrença na vida além da morte. Além disso, distribui, por intermédio dos amigos que compartilham de suas idéias, panfletos nos quais dissemina seu ideal materialista. Alheio às seduções do ambiente onde vive, preocupa-se apenas em explorar os corruptos. Vítima da obsessão, não percebe a tragédia que se aproxima e que mudará, por completo, seu modo de pensar...

Mais um sucesso da Petit Editora!